ELAS CAMINHARAM COM JESUS

por
Dolores Cannon

Tradução: Marcello Borges

Para permissão ou serialização, condensação, adaptações, ou para nosso catálogo com outras publicações, escreva para Ozark Mountain Publishers, P.O. Box 754, Huntsville, AR 72740-0754, USA, Att.: Permissions Department.

Dados de Catalogação na Fonte da Biblioteca do Congresso
Cannon, Dolores, 1931-2014
Elas caminharam com Jesus por Dolores Cannon
    Continuação de: *Jesus e os Essênios*
Mais relatos de testemunhas oculares de partes faltantes da vida de Jesus.
As informações foram obtidas mediante hipnose regressiva conduzida por Dolores Cannon.
1. Jesus. 2. História: Terra Santa 3. Hipnose. 4. Reencarnação.
I. Cannon, Dolores, 1931-2014 III. Jesus III. Título.
Número do Cartão no Catálogo da Biblioteca do Congresso: 2023931807
ISBN: 978-1-956945-48-5
Tradução: Marcello Borges
Design da Capa: Broadaway Printing & Travis Garrison
Design do Livro: Nancy Vernon
Publicado por

P.O. Box 754, Huntsville, AR. 72740,
WWW.OZARKMT.COM

2

Sumário

Lista de Ilustrações

Capítulo Um

Descobrindo os encontros com Jesus

MEU TRABALHO como hipnoterapeuta especializada em reencarnação e em terapia de vidas passadas levou-me a situações estranhas e a percorrer caminhos espantosos. Permitiu-me espiar esses recônditos ocultos da mente subconsciente onde o desconhecido fica envolvido pelas névoas do tempo. Descobri que toda a história da humanidade está gravada nas mentes das pessoas que estão vivas hoje e, se essas memórias ficassem intocadas, continuariam onde estão, adormecidas e não descobertas.

Contudo, circunstâncias criadas pelo mundo moderno e frenético fizeram com que essas memórias viessem à tona, frequentemente sem avisar, porque influenciam nossas vidas presentes de maneiras geralmente inexplicáveis. Agora que a terapia de vidas passadas está sendo usada como ferramenta para ajudar a resolver problemas, memórias como essas estão vindo mais e mais à luz do que antes. Talvez pela primeira vez, as pessoas estão se permitindo aceitar que os corpos em que vivem e as lembranças de suas vidas atuais não são a soma total do ser humano. Elas são muito mais do que aquilo que veem no espelho e do que aquilo de que se lembram conscientemente. Há profundezas insondáveis que apenas começaram a ser percebidas.

Desde que comecei meu trabalho, em 1979, descobri que todos nós temos, aparentemente, recordações de muitas vidas passadas dormentes em nosso subconsciente. Se somos capazes de funcionar satisfatoriamente em nossos estados normais de vigília, não é importante explorar essas recordações. Creio que a vida mais importante de todas é esta em que estamos envolvidos hoje e que ela é o propósito para estarmos existindo no mundo neste momento. Precisamos nos esforçar para viver esta vida da melhor maneira possível.

Muita gente argumenta: se a reencarnação é uma verdade e vivemos incontáveis vidas antes, por que não nos recordamos delas?

4

O subconsciente pode ser comparado a uma máquina, um gravador de fita, um computador muito avançado. Em nossa atual vida cotidiana, somos bombardeados constantemente por milhões de minúsculos e mundanos fragmentos de informação: visões, odores, sons, estímulos sensoriais. Se permitíssemos que todas essas informações passassem pela mente consciente, não poderíamos funcionar – ficaríamos completamente sobrecarregados. Assim, o subconsciente atua como um filtro e como um guardião. Ele nos permite focalizar a informação de que precisamos a fim de viver e funcionar em nossa sociedade.

Mas é importante lembrar que todos os outros dados que foram coletados ainda estão lá nos bancos de memória do computador. Eles nunca se perdem; são armazenados por um subconsciente avarento. Quem sabe a razão para isso? Tudo está lá e podemos ter acesso a isso. Se uma pessoa fizesse regressão até sua festa de aniversário de doze anos desta vida, poderia recordar e, na verdade, reviver todo o episódio. Ela saberia os nomes de todas as crianças presentes e, se lhe perguntassem, seria até capaz de descrever a comida, os presentes, a decoração e o papel de parede, tudo em detalhes. Estes são alguns tipos de informações materiais que ficam armazenadas no registro da festa de aniversário. Na mente, temos uma biblioteca completa com o registro em filme e em fita para recriar a cena em seus mínimos detalhes. De modo similar, cada dia e evento de nossas vidas estão registrados e podemos acessá-los se necessário.

Assim, se toda a nossa vida atual está disponível para o subconsciente, todas as nossas vidas anteriores também estão lá, prontas para serem acessadas. Gosto de compará-lo a uma gigantesca biblioteca de gravações em vídeo: pedimos que o subconsciente pegue a vida passada apropriada na videoteca e o insira na máquina da memória. Se conseguirmos avaliar a imensidão desse banco de memória, poderemos compreender porque não seria prudente – na verdade, seria prejudicial – se essas lembranças ficassem conscientes em nosso estado cotidiano de vigília. Ficaríamos sobrecarregados. Seria extremamente difícil funcionar caso outras cenas e relacionamentos kármicos antigos ficassem se infiltrando constantemente, superpondo-se às nossas vidas atuais.

Assim, o subconsciente é seletivo, pois nos permite focalizar aquilo que é mais essencial para a vida em nossa situação e ambiente atuais. De vez em quando, quando as vidas anteriores influenciam a vida atual surgem problemas. Circunstâncias específicas costumam

5

atuar como um gatilho que focaliza claramente uma recordação de vida passada. Este é o papel da terapia de vidas passadas: ajudar a descobrir padrões que se formaram ou a lidar com karmas ainda não resolvidos que são trazidos ao primeiro plano e que interferem (geralmente, de forma negativa) com nossos assuntos diários.

Muitas das pessoas com que eu e outros terapeutas de vidas passadas temos trabalhado passaram por anos de ajuda profissional (física e mental) sem descobrir as respostas de que precisavam. Relacionamentos perturbadores com outros, sem qualquer explicação nesta vida, costumam ser devidos a eventos tensos e traumáticos noutras vidas. Muitas fobias e alergias têm origem noutras existências. Um exemplo: uma aversão a poeira e a cães teve origem a uma vida de pobreza quando o paciente, vivendo no deserto, teve de lutar com cães para proteger uma escassa reserva de alimentos. As origens de males físicos que persistem e resistem a tratamentos convencionais podem ser encontradas noutras vidas. O longo histórico de severas dores no pescoço de um paciente teve origem em duas mortes violentas: uma pela guilhotina e outra pelo machadinho de um índio que golpeou a parte de trás de seu pescoço. Um jovem estudante universitário não conseguia concluir seus estudos porque apareciam sérias dores abdominais em épocas de estresse. Isso se deveu a diversas vidas nas quais a morte envolveu traumas naquela parte do corpo: morte pela espada, atropelamento por uma carroça, tiro e assim por diante. Comer de maneira excessiva e compulsiva, bem como excessivos aumentos de peso, costumam ser fruto de recordações persistentes de morte por inanição ou por fazer alguém passar fome. Este último criou a necessidade de ajuste da dívida kármica.

Uma mulher que desejava ter filhos mas passou por muitos abortos descobriu que havia morrido dando à luz numa vida anterior. Como o subconsciente não aceita o conceito do tempo, acha que está cumprindo seu papel de proteção quando não permite que isso torne a acontecer. No caso da mulher que tinha abortos espontâneos, a terapia focalizou um trabalho direto com o subconsciente, convencendo-o de que o corpo que tinha os problemas físicos não existia mais e que o corpo atual está plenamente saudável. Quando o paciente vê a diferença e percebe que a personalidade atual não corre riscos, os problemas são resolvidos rapidamente.

Às vezes, a resposta pode ser encontrada numa única vida anterior. Mas há ocasiões em que a causa é mais complexa, pois a repetição formou um padrão que abrange diversas existências. É importante enfatizar que, como qualquer terapia, o trabalho com vidas passadas não é uma prática mágica que cura tudo. Depois que as pistas são descobertas, a personalidade atual ainda precisa usá-las como ferramentas, incorporando as informações à sua vida presente. Quando a pessoa aplica o conhecimento e trabalha com ele, os resultados podem ser tão espantosos quanto gratificantes.

Em todo esse tempo em que trabalhei com centenas e centenas de pacientes e milhares de tópicos, deparei-me ocasionalmente com casos interessantes que exigiram mais estudos. No entanto, a imensa maioria dos casos tratava de vidas que provavelmente consideraríamos terrenas e enfadonhas. Tem-se a impressão de que não aconteceu nada de interessante nelas. Contudo, são exatamente esses os casos que conferem validade às regressões a vidas passadas. Se, em dado momento de uma vida futura, um de nós fizesse regressão a esta vida atual, provavelmente encontraria cenas monótonas e banais, pois a vida é assim mesmo. Poucos são suficientemente importantes ou fazem coisas sensacionais a ponto de ver seus nomes no jornal ou no noticiário da TV. Há muito mais pessoas comuns do que famosas no mundo.

Embora eu possa considerar determinada regressão como pacata, o importante é que ela ajuda o paciente a encontrar aquilo que estava procurando. Muitas vezes, após uma dessas sessões, achei que os pacientes ficariam desapontados. Surpreendia-me quando diziam que a memória foi extremamente importante para eles, explicando uma coisa que sempre quiseram compreender. Portanto, não sou eu quem deve julgar quais recordações são importantes e úteis como ferramenta terapêutica. Essas incontáveis regressões de tom material são a norma e nunca alguém escreveria sobre elas a menos que fosse como um acúmulo de vidas de determinado tipo ou uma versão condensada da história, conforme narrada por diversas pessoas que viveram nos mesmos períodos de tempo.

Meus livros provém de uns poucos casos selecionados nos quais tive a sorte de trabalhar com um paciente que viveu num momento importante da história ou esteve associado com um personagem importante. Ainda não descobri um Napoleão ou uma Cleópatra, e nem espero fazê-lo. É mais provável eu encontrar uma vida na qual o paciente esteve associado com Napoleão ou Cleópatra. Neste caso, é preciso focalizar as recordações sobre aquela pessoa famosa, e talvez você não consiga detalhes mais pessoais do que isso. Mesmo que a pessoa tenha vivido na época de um evento histórico importante, ela só poderá lhe falar daquilo que conheceu pessoalmente. Por exemplo, um camponês não teria acesso aos detalhes conhecidos pelo rei de um país e vice versa. A história seria sempre narrada sob o ponto de vista singular do paciente. Qualquer outra coisa seria identificada imediatamente como uma fantasia.

Quando escrevi *Jesus e os Essênios*, nunca pensei que tornaria a encontrar um paciente que tivesse conhecimento de detalhes pessoais da vida de Cristo. Esse livro foi a história contada por um dos professores essênios de Jesus em Qumran. Isso aconteceu na regressão de uma jovem até aquele período de tempo e fiz essa descoberta espantosa. A jovem não tinha sequer o colegial completo, o que tornou ainda mais importantes esses dados sobre a história e a teologia dos judeus, pois ela não tinha como compilar essas informações a partir de sua educação. Mas aquele caso foi uma oportunidade dessas que só acontecem uma vez na vida. Foi por isso que passei tanto tempo tentando obter o maior número possível de detalhes. A ideia de chegar a encontrar outro paciente que tivesse vivido no mesmo período de tempo e que também tivesse estado associado a Jesus era remota.

Regredi outros pacientes até aquela época e região, mas eles relataram vidas normais como soldados romanos, moradores de Jerusalém ou vendedores de utensílios no mercado. Eles não mencionaram Cristo, embora provavelmente vivessem bem perto dele. Isto agrega validade às minhas descobertas, pois mostra que as pessoas não estão propensas a fantasiar o desejo de terem tido alguma associação com Jesus. Mesmo tendo a oportunidade, contaram suas próprias histórias singulares. Provavelmente, é verdade que há pelo mundo um grande número de pessoas que tiveram uma vida passada com Jesus e que têm essa memória trancafiada em seus subconscientes. Mas quais seriam as chances de encontrar outra delas em meu trabalho com hipnose regressiva? Eu diria que as chances eram remotas, e com razão. Com certeza, eu não esperava que isso fosse acontecer novamente depois de minha experiência com Katie e a produção daquele livro em 1985.

Cheguei a trabalhar com uma mulher que estava tão convencida de que teria vivido naquela época que ela tentou fantasiar uma memória sob hipnose. Não acho que estivesse tentando me enganar ou que tivesse motivos ulteriores. Ela acreditava firmemente que fora

Isabel, a mãe de João Batista, e ninguém conseguiria convencê-la do contrário. Ela queria fazer uma regressão para provar isso para si mesma e sua família, que duvidava dela. Concordei em fazer uma regressão a vidas passadas com ela, mas não estava me sentindo muito à vontade; por isso, fiquei ainda mais atenta e diligente, monitorando a paciente. Assim que ela entrou em transe, começou a descrever o ambiente da Terra Santa e sua associação com João e com Jesus. Ela ficou muito emocionada ao falar da prisão de João e da proximidade de sua morte. Muitas coisas me revelaram imediatamente que se tratava de uma fantasia. Quando comecei a fazer perguntas de sondagem, ela não conseguiu respondê-las. Ela se apegou estritamente à versão da Bíblia e não se afastou nem um pouco dela. Noutras palavras, ela não conseguiu responder a nenhuma pergunta que não estivesse relacionada com aquilo que qualquer um encontraria lendo a Bíblia.

Outra pista foi dada pelo comportamento do seu corpo. Num transe normal, o paciente fica quase imóvel, enquanto a respiração e o tônus muscular mudam e os R.E.M. (Movimentos Rápidos dos Olhos) aumentam. São sinais percebidos pelo hipnotizador, que os acompanha para determinar a profundidade do transe e também para ficar atento a qualquer sinal de trauma. Essa mulher não ficou deitada e quieta. Seu corpo exibiu agitação. Ela esfregava constantemente as mãos, sua respiração estava irregular e os movimentos oculares não estavam corretos. Todo o seu comportamento revelava estresse. Após meia hora disso, período no qual fiquei usando técnicas de aprofundamento, subitamente ela deu o que chamo de "pulo de sapo". Ela pulou da cena que estava descrevendo para uma cena relativa a outra vida. Desta vez, ela era um padre italiano numa igreja pequena e pobre. Seu corpo relaxou e seguiu-se uma regressão normal e terrena. Ela contou a história de um padre desajustado que estava muito insatisfeito com a vida que o destino havia lhe reservado. Também pude relaxar, pois notei que estávamos pisando novamente em terreno sólido. O que aconteceu ficou óbvio. Seu subconsciente estava tentando satisfazer seu desejo e fantasiou uma vida junto a João e a Jesus, mas à medida que o transe se aprofundou, ele não conseguiu mais manter a farsa, quando então veio à tona uma regressão normal.

Aconteceu uma coisa muito rara durante essa sessão. Durante a regressão fictícia, senti uma enorme quantidade de energia emanando de seu corpo. Quando isso acontece, parece ser calor e cria um efeito de atração ou de captura sobre meu corpo. É uma coisa muito desconfortável e pode prejudicar meu monitoramento e minha concentração sobre as perguntas. Geralmente, quando posso, afasto-me do paciente (um ou dois metros costuma ser suficiente) até a sensação abrandar. Durante esse tempo em que o perturbador fluxo energético da mulher se manifestou, percebi que o gravador de fita também parou de funcionar. Enquanto continuava a fazer perguntas à paciente, também estava tentando lidar com essa ferramenta mecânica, essencial para meu trabalho. Ao abri-lo, descobri que a fita havia emperrado e que estava ficando enrolada em torno da cabeça de gravação. Puxei um longo trecho de fita retorcida e emaranhada. Inseri outra fita e continuei com a sessão. Quando ela entrou na regressão normal do padre italiano, o gravador funcionou suavemente. Como disse, isto acontece raramente, geralmente em casos que envolvem grande tensão e ansiedade no paciente. Será que o campo energético, que eu consegui sentir, afetou o gravador? Tive também casos em que um ruído extremo, uma estática, abafa as vozes da fita. Creio que isso mostra que há mais coisas acontecendo durante uma regressão a vidas passadas do que pensamos. Parece haver energias invisíveis presentes que emanam das pessoas envolvidas e que chegam a afetar máquinas, especialmente algo tão sensível quanto um gravador de fita cassete.

Quando a mulher saiu do transe, mostrou-se totalmente absorta pela (suposta) lembrança da vida com Jesus. Ela achou que tinha encontrado uma evidência e menosprezou a vida do padre. Ficou abalada quando lhe disse que a parte da fita referente a aquela vida tinha se danificado. Além da fita emaranhada, as engrenagens ficaram travadas e não dava nem para rebobinar a fita. Ela me implorou para tentar restaurá-la de qualquer maneira, pois precisava ter aquela gravação. Era a coisa mais importante de sua vida. Este foi mais um indício de que a memória não foi real, pois as regressões válidas não provocam esse tipo de reação. Normalmente, o paciente nega que a experiência tenha sido real, dizendo que deve ter lido sobre aquilo em algum lugar, ou então que viu num filme ou na TV. A reação primária é a negação, e é normal ouvi-los dizer, "Puxa, provavelmente inventei tudo isso". Creio que é o método usado pela mente consciente para lidar com uma coisa tão estranha e diferente do seu modo de pensar. E, com certeza, as vidas passadas são uma coisa diferente do modo de pensar dos humanos medianos. Portanto, o que vi foi a tentativa inocente de uma paciente fantasiar uma vida que, de algum modo, satisfaria seu desejo de ter vivido com esses importantes personagens históricos. Para mim, também foi uma evidência adicional de que esses casos não podem ser falsificados.

Por isso, eu não esperava descobrir outros pacientes que tivessem vivido na época de Cristo, e, se isso acontecesse, minha experiência anterior teria me deixado muito desconfiada. Mas essas coisas parecem ficar nas mãos de outras energias além de nós, meros mortais. Os casos que sou levada a explorar parecer vir de fontes superiores que certamente estão fora do meu controle. Durante 1986 e 1987, enquanto estava profundamente envolvida com o material sobre Nostradamus (apresentado em minha trilogia *Conversando com Nostradamus*), dois pacientes regressaram espontaneamente até essa época e meu interesse tornou a se manifestar. Volta e meia, tenho me questionado sobre as chances disso acontecer, mas desde então aprendi a não questionar as razões, pois parece que sou levada inexplicavelmente aos casos que eu deveria relatar.

Este livro é a história dos encontros individuais de duas mulheres com Jesus numa vida passada. Suas recordações acrescentam partes valiosas à história esquecida e distorcida que chegou até nós através do tempo. Ajuda-nos a compreender melhor e a apreciar este Jesus que foi, antes de tudo, um homem, um ser humano com sentimentos e emoções complexas e muito reais. Certamente, foi um mestre que compreendeu os mistérios do universo e tentou revelá-los aos mortais de sua época. Como ele disse, "Essas coisas vocês podem fazer, e mais". Mas ele também era humano, e é esta a parte de sua história que tem sido deixada de lado. Neste livro, tal como em *Jesus e os Essênios*, temos a rara oportunidade de vê-lo tal como o viam as pessoas de sua própria época. Vemos uma imagem dele profundamente pessoal e real. Talvez, finalmente, o verdadeiro Jesus possa ser visto e reconhecido como o maravilhoso ser humano que ele foi.

Entre no mundo do desconhecido. O mundo da hipnose regressiva.

A Galileia na época de Jesus

Capítulo Dois

Um encontro com Jesus

HÁ UMA GRANDE variedade de razões para alguém pedir para fazer uma regressão a vidas passadas. Muitos têm um problema específico que estão tentando resolver, seja ele físico ou emocional. Relacionamentos kármicos com familiares ou com outras pessoas importantes em sua vida costumam causar problemas que requerem ajuda. Habitualmente, essas pessoas esgotaram os recursos convencionais, tanto médicos quanto psiquiátricos, e voltam-se para a terapia de vidas passadas como uma solução possível. E há sempre aqueles que pedem para fazer uma sessão de hipnose até suas vidas passadas simplesmente por curiosidade, só para ver se realmente tiveram uma vida anterior.

Quando Mary pediu para marcar uma sessão, ela não estava muito segura da categoria em que se encaixava. Era uma mulher muito atraente de trinta e tantos anos. Era divorciada e tentava criar dois filhos sozinha. Para isso, fundou seu próprio negócio, uma pequena empresa de paisagismo e cultivo de plantas. Dispunha de poucos horários e nossas sessões tiveram de ser realizadas entre um compromisso e outro. Ela chegava sempre em sua pequena van lotada de plantas. Depois da sessão, dava continuidade às entregas de sua empresa. Com certeza, não era uma dona de casa entediada procurando uma atividade empolgante. Mary se dedicava como mãe disposta a ter sucesso em sua empresa a fim de proporcionar a seus dois filhos a melhor vida doméstica possível.

Ela admitiu que estava procurando a resposta para um problema, mas não quis dizer qual era o problema. Disse apenas que, se nós o encontrássemos, ela o identificaria. Isso queria dizer que, como terapeuta, eu estaria tateando no escuro, sem saber o que estaríamos procurando. Isso pode ser remediado dando trela ao subconsciente, permitindo-lhe buscar aquilo que o paciente está querendo encontrar. Assim, quando tivemos nossa primeira sessão, pus Mary em transe e

13

deixei-a viajar através do tempo até onde quisesse ir, sem ser direcionada para a procura da solução de um problema. Eu pude prever com facilidade o que iria acontecer, pois esses casos costumam seguir um padrão. Geralmente, os resultados são os mesmos. Mary voltou até uma vida material e monótona, na qual pouca coisa importante aconteceu. Ela disse que obteve respostas para algumas questões relacionadas a temas de sua vida, mas sem conexão com o problema principal. Na semana seguinte, os resultados foram os mesmos, uma vida passada normal que dizia respeito apenas a Mary.

A revelação veio durante a terceira sessão. Mary mostrou-se uma paciente excelente, e eu a condicionara a entrar em transe profundo mediante o uso de uma senha. Essas senhas ou palavras-chave podem ser qualquer coisa, e seu uso elimina longas induções. Depois que já havia se acomodado na cama e estava relaxada, usei sua senha e fiz a contagem regressiva. Quando já estava num estado de transe profundo, pedi ao seu subconsciente para nos fornecer informações que eram importantes para ela. Pedi que ele a levasse até uma vida passada que tivesse importância e relevância para sua vida atual. Nessa altura, ela já se sentia suficientemente segura comigo e por isso eu esperava que seu subconsciente obedecesse.

Realizei tantas sessões que uso vários gravadores. Geralmente, acabo por desgastá-los, tanto por gravar quanto por fazer transcrições. As fitas das sessões que fiz com Mary foram gravadas numa época em que meu gravador não estava funcionando bem. Gravei diversas sessões até perceber que ele estava com problemas. Às vezes, ele pulava alguns trechos e as engrenagens paravam ocasionalmente de girar. Nesses momentos, eu perdia palavras. Ao transcrever essas sessões, procurei reconstituir qualquer coisa que estivesse faltando da melhor maneira que pude me lembrar. Por isso, nessas sessões, em vários momentos eu me preocupei tanto com o monitoramento do gravador quanto com o paciente.

Eu estava usando um método no qual o paciente fica flutuando numa bela nuvem branca. Pedi à nuvem que a depositasse num momento importante, quando ela encontraria informações importantes para ela.

Fiz a contagem enquanto a nuvem a levava e a punha suavemente no chão. Suas primeiras impressões mostraram que ela estava em pé num bosque com árvores verdejantes. Ela comentou que tinham cascas lisas e levemente manchadas de cinza, algo pouco familiar para ela. Então, ela percebeu um pequeno grupo de quatro pessoas entre as árvores. Ela pôde vê-las à distância, e todas pareciam estar com as mesmas roupas, trajes de linho branco com um cordão de algodão na cintura. Uma das mulheres tinha um lenço de linho cobrindo seus cabelos. Quando Mary olhou para ela mesma, viu que estava vestida como os demais, um traje de linho branco feito em casa e sandálias nos pés. Ela sabia que era uma jovem adolescente e que tinha longos cabelos castanhos. Disse que seu nome era Abigail e que tinha caminhado até aquele lugar desde uma aldeia próxima. Perguntei-lhe se queria se aproximar das pessoas.

"Sim", respondeu. "Gostaria de saber porque estão reunidas ali. Estão esperando por mim? Devo ser a tímida novamente, tal como sou nesta existência. Até hoje, hesito antes de me associar a grupos. Sim, creio que estão esperando por mim".

Dolores: Você conhece essas pessoas?
Mary: Sim. Já estive com elas antes. Mas eu sou a mais jovem. Não sei tanto quanto elas.
D: São seus vizinhos, amigos? Quem são?
M: Creio que são professores. Não passei muito tempo com elas. Sinto-me um tanto indigna de seus ensinamentos e atenção. Para mim, é difícil aceitar que gostariam que eu fosse aluna deles, tanto por causa da minha idade quanto por sua grande sabedoria. Eles parecem ser muito sábios e eu pareço ser muito jovem.
D: Acho muito bom você querer aprender.
M: Sim. (Riso) Essa é a minha natureza. Eles perceberam a minha ansiedade. Acham que sou uma estudante de valor, embora eu não seja.
D: É difícil entender aquilo que eles estão lhe ensinando?
M: Não é difícil entender. Sou muito privilegiada por ser capaz de conhecer essas informações. São ensinamentos espirituais que eles coletaram ao longo de muitos anos e que precisam passar adiante.
D: Como eles encontram seus alunos?
M: Eu acho que meus pais me apresentaram. Neste lugar onde estou, é como se os outros fossem professores e eu fosse a única estudante.
D: Creio que seria difícil ter tantos professores.

15

M: É um apoio moral. É como entrar para uma nova família. São muito calorosos e receptivos. Parece que gostam muito de mim.

D: *Você sabe em que país estamos? Ouviu alguém dizer alguma coisa?*

M: (Longa pausa) A palavra "Palestina" me vem à mente.

D: *É quente aí?*

M: Há uma brisa. No sol é quente, mas sob as árvores é fresco. É um lugar muito agradável para estudar. Gosto dos meus estudos com eles. Esta é uma experiência muito agradável.

D: *Você precisa ler ou escrever?*

M: Não, eles ensinam falando. Eu os ouço e aprendo, mantendo o conhecimento na minha mente, no meu coração. Creio que serei professora. E é por isso que vou aprender agora, com esta idade, e serei capaz de ensinar depois que estiver repleta de sabedoria.

D: *Como são os ensinamentos que estão lhe passando?*

M: Mistérios. Aquilo que a maioria das pessoas não conhece.

D: *Bem, muitos não iriam acreditar neles, não é?*

M: As pessoas não ligam. Não têm um desejo ardente. Foi por isso que meus pais me ofereceram para estudar. Eles perceberam esse desejo ardente em mim.

D: *Você disse que não faz muito tempo que está estudando com eles?*

M: Disse. Talvez este seja meu terceiro encontro com eles. Estamos nos conhecendo e aprendendo as personalidades. Eles me dão a sensação de que são algo mais especial do que professores. É quase como se entrasse para uma família de tios e tias. Como se estivessem esperando por mim, e agora estou aqui. Eles me disseram que o que vão compartilhar são "os mistérios" e que eu me manterei intimamente associada com eles.

D: *Você sabe com quem eles adquiriram esses conhecimentos?*

M: Eles tiveram professores. Dá a impressão de que isso acontece há muito tempo. São como que verdades.

Tive a impressão de que esses professores seriam essênios, o mesmo grupo misterioso que ensinou Jesus, embora isso nunca tenha ficado estabelecido em definitivo. Com certeza, pareceram ser membros de um grupo gnóstico secreto que possuía conhecimentos que não ficavam disponíveis para o público em geral.

Eu quis determinar a época em que estávamos, se antes ou depois de Cristo, pois os essênios se mantiveram ativos por um longo período. Um método que funcionou em *Jesus e os Essênios* era perguntar sobre o Messias.

D: *O Messias já foi ao seu país? Você sabe de alguma coisa?*
M: (Pausa) O Messias?
D: *Já ouviu essa palavra?*
M: O Messias? Parece que é uma coisa que vai acontecer algum dia. Não sei nada sobre isso.
D: *Há judeus onde você vive? Pessoas que estudam a religião judaica?*
M: (Longa pausa) Isso não parece ser pertinente.
D: *É que creio que faz parte de sua crença a ideia de que algum dia virá um Messias. Foi por isso que fiquei curiosa para saber se você havia ouvido essas histórias.*
M: Não me parece... Parece que o conhecimento não está presente.
D: *Certo. Só estava tentando determinar a época em que estamos. E às vezes o tempo é uma coisa bem difícil de se determinar. Existe um governante nessa terra? Você sabe algo sobre isso?*

Em *Jesus e os Essênios*, o tempo era calculado pelo número de anos em que o governante estava no poder. Mas neste caso, isso não nos ajudou.

M· Não, não sei nada sobre isso. Fui criada numa comunidade pequena. É quase como se toda a minha vida estivesse esperando por este momento. Influências externas não fizeram parte da minha compreensão. Ao que parece, eu vivi uma vida muito enclausurada, muito protegida. Temos uma comunidade, uma pequena aldeia. Conheço as pessoas da aldeia, mas nada do mundo exterior. É como se eu tivesse sido mantida intocada para que quando chegasse a hora dos ensinamentos eu ser quase como um material virgem.
D: *E assim você não seria influenciada pelo mundo exterior.*
M: Creio que essa seria uma afirmação verdadeira.
D: *Eu entendi. Você teve outros professores antes disso?*
M: Meus pais. São pessoas muito gentis. Minha vida na aldeia foi muito pacata. Uma infância maravilhosa. Minha mãe faz um pão achatado de que gosto muito. Ela o assa sobre uma grelha. Acho que é um dos meus pratos favoritos. (De repente, ela parou de

17

recordar.) Mas agora não sou mais criança. É é hora de começar a entrar numa nova parte da minha vida, afastando essas lembranças queridas.

D: *Mas ao menos você tem essas lembranças queridas. Você tem irmãos ou irmãs?*

M: (Pausa, depois surpresa) Oh! Parece que eu tenho uma irmãzinha. Ela e eu gostamos muito uma da outra.

D: *Estava pensando, você não está na idade de se casar?*

M: Bem, acho que essa não é minha vocação. Estou muito feliz como estudante. Essa é uma coisa pela qual estive esperando, estive ansiando por fazer. Cada uma dessas pessoas terá um papel diferente em meus ensinamentos, em meu aprendizado. Cada uma delas vai participar da minha educação. Parece que... (pausa).

D: *O que foi?*

M: Tenho a impressão de que serei preparada para um serviço público, como num templo.

D: *Então, você terá de aprender muitas coisas, não é?*

M: Sim. Conhecimento amplo, amplo. Base espiritual. Verdade.

D: *Você será capaz de me passar aquilo que estiver aprendendo?*

M: Bem, ainda não sei dizer, pois não conheço esses ensinamentos. Não hesitarei em compartilhá-los assim que os conhecer.

Ficou evidente que os ensinamentos demorariam para ser transmitidos, e por isso resolvi avançar no tempo. Geralmente, faço isto pedindo ao paciente para avançar naquela vida até um dia importante. Como a maioria das vidas é dedicada a coisas terrenas e repleta de rotinas diárias simples e banais (como as nossas vidas atuais), esse é o método mais eficiente para se localizar um ponto focal importante, se houver algum. Houve vidas em que o paciente não conseguiu encontrar nada de significativo; mais uma vez, isso descarta as fantasias. Quando acabei de levar adiante Mary (como Abigail) em sua vida, as sensações faciais e corporais mostraram que alguma coisa estava acontecendo. Perguntei-lhe o que estava acontecendo. Ela não respondeu, mas vendo suas claras reações físicas e seus suspiros profundos, percebi que alguma coisa a perturbava.

D: *O que você está sentindo?*

M: Parece que sou... mais velha. Meus professores não estão mais comigo.

D: *Você estudou com eles por muito tempo?*

M: Sim. Catorze anos.

D: *Onde você está?*

M: (Pausa) Parece que estou... num templo. Há... alguma coisa... não está tudo bem.

D: *Qual o problema?*

M: (Longa pausa) Creio que não estão me deixando ensinar. É como se a minha mente estivesse repleta e eu sentisse uma faixa apertando a minha cabeça. Não me deixam compartilhar. É... o meu povo. É como se eu tivesse sido... posta de lado.

D: *Mas você tem tantos conhecimentos, por que não deixam você dar aulas? Você tem muitas coisas importantes para transmitir.*

M: Eles não estão contentes com os conhecimentos que eu tenho.

D: *Quem são eles?*

M: Os anciões. Os homens. Sou mulher. Eles dizem que as mulheres não são dignas de ensinar nada. Eu não deveria ter conhecimentos como estes. Não querem que eu dê aulas. (Sentindo dor) Minha cabeça!

Quando o paciente tem sensações físicas reais, sempre as removo. Elas podem ser narradas sob um ponto de vista objetivo sem precisar reviver efetivamente a dor ou o desconforto. Isso mantém o paciente confortável e mostra-lhe que sempre irei cuidar dele. Também o ajuda a contar a história sem a distração das sensações físicas. Dei-lhe sugestões para seu bem-estar. Depois, tentei reconquistar sua confiança para que ela pudesse me contar as coisas que não poderia expressar para outras pessoas.

D: *Você pode falar comigo mesmo que não possa falar com os outros. Você estava ensinando antes dessa época?*

M: Crianças. Eu ensino... as crianças eram levadas para mim. E eu compartilhava com elas. Os pais as levavam. Ficávamos sentados nos degraus do Templo. Elas aprendiam através de jogos, contando histórias e dançando. E eu levava luz para suas mentes.

D: *Puxa, acho que é uma maneira maravilhosa de ensinar, porque às vezes é difícil fazer as crianças entenderem. Eu adoraria se você pudesse me contar algumas dessas coisas, como se eu fosse uma criança. Pode haver coisas que eu não conheça e estou muito ansiosa para aprender. Como você as ensinava?*

M: Tínhamos um pássaro. Um pequeno pássaro... ah, parecido com um pombo. Muito bonito... (subitamente, ela teve uma revelação) uma rolinha. A rolinha era uma amiga... muito especial. A rolinha e eu éramos muito próximas. E eu usava a rolinha como exemplo para as crianças. Levava o pássaro em sua gaiola e mostrava para as crianças que a gaiola estava com a portinha aberta. O pássaro aparecia, olhava à sua volta e via novas fisionomias, e tinha um espaço maior para caminhar. De fato, até para alçar voo. Eu lhes mostrava que todas as crianças têm essa oportunidade, essa chance, essa porta que se abre para uma compreensão muito maior. E que se elas fossem até mim e passassem algum tempo comigo, começariam a entender que o mundo é muito maior do que suas gaiolinhas. E que seus espíritos podem se expandir nesse espaço. Não existe nada entre elas e o voo. Que elas também podem voar e serem sustentadas pelos ventos do espírito. Ascender mais e mais. E voltar, voltar para essas pessoas que estão neste lugar mais terreno. E podem dizer a elas, "Venham, olhem só o que descobri! Venham, voem comigo!" E levarão alguém com elas.

D: *Isso é muito bonito.*

M: Ah, a rolinha é um maravilhoso espírito amigo.

D: *Gostei disso, pois também consegui entender.*

M: Ah, sim. Há muitas outras coisas além do que você poderia imaginar. As crianças são preciosas.

D: *O que mais você lhes mostrava?*

Ela passou da recordação do evento à sua vivência, como se tivesse ido até a cena.

M: Há uma coisa vermelha no degrau (ela pareceu analisá-la). Parecem ser dois pedaços de madeira. São cilíndricos. Estão ali... esperando para serem usados.

D: *E para que são usados?*

M: (Uma revelação) Puxa! São usados para marcar o ritmo. São usados como percussão. (Sorriso largo) São usados para marcar o ritmo para as crianças dançarem. Deixe-me ver. (Pausa, como se estivesse olhando).

D: *O que está acontecendo?*

M: (Riso) Ah, estamos dançando e subindo e descendo as escadas. Os degraus são bem espaçosos. São fundos e bem compridos. Este é um lugar maravilhoso. (Surpresa) Não é muito diferente do bosque. Ahhh! Com as colunas e aquela saliência... (riso alegre) a sombra, o frescor, mas o sol está do outro lado. As crianças se sentem muito felizes quando vêm aqui. Têm muito espaço. E ficam um bom tempo comigo. É uma ocasião muito especial para todos nós. Aprendemos dançando, indo e voltando e rodando.

D: *Que lições podem ser transmitidas pela dança?*

M: A importância de expressar fisicamente suas emoções íntimas. Permitir que aquilo que está nelas se manifeste como uma ação. E agora aprendemos ritmos simples, padrões simples, passos simples que provocam alegria e expansão e que também são acompanhados pelo ritmo e pela música. Também usamos um pandeiro. Elas poderão aprender, nesta tenra idade, maneiras de expressar aquilo que precisarão usar quando forem mais velhas e também forem ensinar. Elas precisam manter contato com a expressão. São estimuladas a não ficarem fechadas, mas a se manifestar, a agir. Ver um padrão e saber que existe uma meta. Tudo isso está contido nos princípios muito simples desta pequena dança. É um padrão que eles aprendem agora e que lhes permitirá viver melhor quando adultos, quando não for tão fácil expressar espontaneamente alguns padrões, algumas ações. Eles serão capazes de se lembrar que conheceram a espontaneidade na juventude. Vão se lembrar da alegria que isso lhes trouxe, essa liberdade, essa felicidade. Há alegria na palavra de Deus. Há alegria em Seu espírito. Quando Seu espírito se move e se manifesta em ação, temos uma experiência muito feliz.

D: *Parece-me que sim. Acho que você é uma ótima professora.*

M: Puxa, obrigada.

D: *Você tem métodos muito bons.*

M: (Alegre) Agradeço.

Tive a impressão de que ela não estava acostumada a receber elogios por seu trabalho.

D: *Em que cidade estamos agora? Onde fica esse templo?*

M: Jerusalém.

D: *Eles têm algum nome para ensinamentos como esses que você transmite? Estou pensando numa organização ou num grupo do qual você pode fazer parte.*
M: Parece que eu sou... solitária.
D: *O que quer dizer isso?*
M: Não estou associada a nada. Parece que estou... ligada ao Templo. É onde durmo. Minhas necessidades são atendidas graças ao meu serviço no Templo.
D: *Esse templo parece ser bem grande.*
M: Sim, ele é grande. Aberto, colunas altas, altares.
D: *A que religião pertence esse templo?*
M: (Pausa) Creio que ao judaísmo.

Esta foi mais uma indicação de que ela estaria associada a outro grupo. Seriam os essênios?

D: *Você estava falando da palavra de Deus e por isso fiquei curiosa para saber que deus você venerava.*
M: Bem, aquilo que compreendo é diferente daquilo que os homens compreendem. Enquanto lido com as crianças, fico de bom humor. Devo me manter calada sobre aquilo que compreendo.
D: *Não vejo nada de errado com o que você compreende.*
M: Os sacerdotes... (ela hesitou – era difícil explicar). Isso é muito desagradável para mim. Seu comportamento, seus ensinamentos. Eles são muito fechados. Eles são sombrios. Eles não são da luz. Não são sequer da verdade. Eles mantém as pessoas distantes da proximidade de nossa experiência com Deus. Ele não está num lugar tão distante a ponto de ser difícil chegar até ele. Ele não está com raiva de nós. Ele não exige que matemos belos animais como sacrifícios. Ele está conosco a cada respiração. Ele faz parte de nós. Ele vive dentro de nós. Nós somos Deus em forma física. Somos Ele. Não é uma coisa distante, que não podemos atingir. Não somos pedregulhos sem valor. Cada um de nós é sagrado, cada um de nós recebe essas crenças e tem a essência da santidade. É que as coisas ficam tão acobertadas que não conseguem brilhar. (Tudo isso foi dito em voz baixa, mas com muita ênfase.) É frustrante. Tenho a sensação de possuir muitos conhecimentos e não ser capaz de ensinar.

D: *Talvez tenha sido por isso que eu vim. Você pode me ensinar e isso vai ajudá-la a não se sentir tão restrita. Mas os sacerdotes ensinam essas outras crenças às pessoas?*

M: São coisas muito elevadas. Muito acima das pessoas comuns. Como se as pessoas comuns não pudessem chegar até Deus diretamente, sem os sacerdotes. É o papel deles, mas isso impede as pessoas de saber que Deus está nelas.

D: *Você é a única mulher que dá aulas?*

M: Sou a única. Faço algum tipo de serviço. As crianças parecem ser uma maneira aceitável de me tirarem do circuito principal e de me colocarem num lugar apropriado para a mulher.

Mais tarde, quando fiz minha pesquisa, descobri que na época de Jesus não havia a obrigatoriedade de se estudar em escolas. Quando um menino judeu recebia educação, as únicas escolas estavam ligadas às sinagogas e os únicos livros escolares eram as Escrituras hebraicas. Para os judeus, conhecimento significava "conhecimento da Lei de Moisés", ou a Torá. Nada mais era ensinado, e educação significava apenas "educação religiosa". Se alguém entendesse plenamente "a Lei" e tivesse facilidade para explicá-la, desde que resolvesse ensinar, seria considerado um "homem instruído": um rabino. A adesão estrita à Lei era considerada uma característica proeminente dos homens instruídos daquela época.

Em *Jesus e os Essênios*, descobrimos que havia uma postura chauvinista (como a conhecemos hoje) masculina muito forte na Palestina daquela época. As mulheres tinham papéis muito bem definidos e os desvios não eram aceitos. Elas não recebiam educação e tinham sua própria seção nos templos para não se misturarem com os homens durante os cultos. O caso de Abigail não é uma contradição com essas regras, pois ela havia dito que não era judia. Ela precisou ter sido educada por um grupo que não estava preso a essas regras. Os essênios não tinham essas restrições e ensinavam a todos segundo o desejo e a capacidade de aprender de cada um.

Deve ter irritado profundamente os sacerdotes quando descobriram que Abigail não só fora educada como recebera treinamento profundo em áreas com as quais não estavam familiarizados. Isto eles não podiam tolerar. Não poderiam permitir.

Nunca ficou clara a razão para que Abigail tivesse permanecido num lugar no qual não era bem recebida. Aparentemente, os homens não a queriam lá, mas não podiam tirá-la de lá. A única solução foi colocá-la numa posição na qual não representaria uma ameaça para eles em virtude de seu conhecimento superior e de seu modo diferente de pensar. Puseram-na num papel feminino, cuidando de crianças, onde acharam que ela não poderia causar danos. Estavam enganados. Não demorou para que ela idealizasse um modo de ensinar, um método de transmitir discretamente conhecimentos às crianças sob o disfarce de brincadeiras. Mas o verdadeiro conhecimento não podia ser transmitido, e sua cabeça doía por causa disto. Como ela disse, era como se pusessem uma faixa apertada em torno de sua cabeça, e ela sentiu-se como se sua mente fosse explodir por conta da pressão das informações que queriam ser difundidas.

D: *Você também estudou os ensinamentos judaicos tradicionais?*

M: Eles não parecem estar na minha mente.

D: *Você já ouviu falar na história do Messias?*

M: (Pausa) Não conheço um Messias, mas creio que há um homem ensinando. Ele também não está contente com os sacerdotes (suspiro). Creio que é um homem com um entendimento semelhante ao meu. (Pausa) O reino de Deus está dentro de nós. Os templos não devem separar Deus do homem. Os templos devem ser um lugar de união. O homem deve poder ir ao espaço sagrado e convidar Deus a entrar diretamente em seu coração. Não por meio de sacrifícios, não por intercessões, mas por estar em pé naquele lugar sagrado em comunhão direta com Deus.

D: *Concordo com você. Mas esse outro homem, você já o viu ou já o ouviu falar?*

M: Creio que ele tem ficado num local dos degraus do Templo diferente desse onde dou aulas. É como se fosse um retângulo. Dou aulas para as crianças na parte comprida do prédio. Ele fica na parte estreita quando você se aproxima do Templo.

D: *Você já o ouviu falar quando ele estava conversando com as pessoas?*

M: Acho que ele estava falando para uma multidão enquanto eu estava com as crianças do outro lado das escadas.

Ela mudou novamente do tempo passado para o presente, indicando que foi até aquela época para reviver o incidente e comentá-lo.

M: Ele fala com muita autoridade. Estou curiosa para saber quem ele é.

D: *Você já ouviu alguém dizer quem ele é?*

M: Isto é muito inusitado. Um homem está acenando para irmos lá. As crianças e eu. Ele diz, "Venham! Vocês precisam ouvi-lo. Este homem é o filho de Deus".

D: *Ele também está nos degraus?*

M: Ele está correndo na direção da multidão que se reuniu na outra ponta.

D: *Você vai acompanhá-lo?*

M: Estou dividida entre ir ouvir essa pessoa – não posso deixar as crianças sozinhas. Elas... não acho... não estou disposta a levá-las comigo desta vez. Não sei o que eles iriam encontrar lá. E sou muito cautelosa com as crianças.

D: *Acho que você é bem sábia, pois não quer colocar em risco as crianças. Então, você fica com elas em vez de ir ver quem é esse homem?*

M: Estou dividida. Estou no meio dos dois.

D: *Imagino que você também esteja bastante curiosa.*

M: Sim. Quero saber quem é esse que fala com tanta autoridade.

D: *Você consegue ouvi-lo falar?*

M: Posso ouvir sua voz. Ele fala com total autoridade. (Riso) Ah! Preciso voltar para as crianças. Elas são minha responsabilidade.

D: *Mas pelo menos você pode ouvi-lo do lugar onde está.*

M: Ele está a certa distância. Posso ouvi-lo falar, mas não consigo distinguir as palavras. Posso discernir seu tom de voz. Ele fala com muita clareza.

D: *Talvez, um dia, você venha a descobrir quem ele é e consiga ouvi-lo e vê-lo de perto.*

Eu estava tentando encerrar esta sessão. Antes de começarmos a trabalhar nesse dia, Mary disse que queria sair do transe em determinado horário porque tinha um compromisso. Se Abigail não ia ouvir aquele homem, provavelmente não conseguiríamos descobrir muita coisa mais nessa ocasião. Não sei se o homem era Jesus, mas as indicações estavam apontando nessa direção. Eu queria dar continuidade a este assunto para descobrir a verdade. Não queria me envolver agora porque desejava dedicar mais tempo a esse evento, e estava ficando sem tempo e sem fita. Planejei continuar na sessão seguinte.

M: Tenho a sensação de que vamos nos conhecer. Há uma compreensão comum que vai nos aproximar. Sei ser paciente.

D: *Sim, é verdade, geralmente pessoas que pensam da mesma maneira acabam se encontrando. Mas eu estava curiosa para saber mais sobre as crenças judaicas sobre um Messias que virá um dia. Você sabe se isso é verdade, se estão mesmo esperando um Messias?*

M: É como se... não vou levar isso na minha mente. É como se aquilo que tenho na minha mente fosse luz, fosse puro. E é como se eu não aceitasse a raiva, o medo, a condenação. Não vou levar isso na minha mente.

Ela havia se isolado deliberadamente da teologia judaica tradicional ou então não tinha sido exposta a ela. Aparentemente, ela tinha sido muito protegida. No começo da sessão, disse que era como um material virgem quando os professores começaram a lhe dar aulas. Talvez isso fosse proposital, para que ela não fosse influenciada por escolas tradicionais de pensamento.

D: *Então, você não está aceitando nenhum ensinamento dos homens.*
M: Tenho a impressão de que há uma espécie de escudo ao meu redor... não aceito isso na minha mente.
D: *Entendo porque você bloquearia aquilo. Esses homens são muito negativos, embora devessem ser sacerdotes de Deus.*
M: São pomposos, se me permite dizer. Este homem tem luz à sua volta. É por isto que sei que vou conhecê-lo algum dia.
D: *Você consegue vê-lo?*
M: Sim, posso ver que há uma luz em volta dele.
D: *Você deu a volta no edifício?*
M: Não. Consigo vê-lo entre as colunas. Ele está num lugar diferente, mas posso vê-lo. Sim, ele é da luz.
D: *Normalmente, você vê luzes em torno das pessoas?*
M: Às vezes em torno das crianças, mas não como esta luz. Esta luz é branca em torno de todo o seu corpo.
D: *Puxa, deve ser muito bonito ver isso.*
M: Bem, isso o destaca dos outros (riso).

D: *(Riso) Você consegue ver a aparência dele, ou ele está muito distante?*

M: Ele está de lado em relação ao lugar onde estou. Parece estar de branco, com alguma peça de roupa marrom presa nos... é como se houvesse um tecido que cai sobre os ombros, na frente e atrás, e depois fica preso a seu corpo na cintura.

D: *Pode ver suas feições?*

M: Não, ele está distante. Temos a mesma mentalidade. É quase como se houvesse uma... conexão, mesmo a esta distância. (Ela soluçou de repente.)

D: *O que foi? (Respira forte novamente). O que aconteceu?*

M: Oooh! Sim, ele sentiu a conexão.

D: *Como?*

M: Ele está vindo! Ele está vindo! Ele está subindo as escadas. Quer ver as crianças! (Sua voz demonstrava total admiração).

E eu estava ficando sem fita! Não podia colocar outra na máquina por causa das restrições impostas por Mary para as sessões. Que momento inoportuno, como algo assim pôde acontecer naquele momento? Frustrada, eu sabia que teria de encontrar alguma maneira de encerrar a sessão sem perturbá-la, para podermos voltar a ela da próxima vez e examinar melhor os detalhes.

M: A multidão o está seguindo. Ele percebe a luz em volta das crianças. Ele compreende. Temos a mesma mentalidade.

D: *Bem, isso é muito bonito, mas receio que teremos de deixar de lado esta cena. Adoraria ouvir mais, mas estamos ficando sem tempo. Não posso ficar mais com você. Você pode voltar a ela se sairmos agora?*

M: Sim, eu gostaria muito de saber mais sobre esse homem.

D: *Então, da próxima vez que eu vier, vamos dar continuidade a isso. Foi muito bonito e agradeço por você ter compartilhado isso comigo. Agora, vamos sair dessa cena.*

Ela ainda estava emitindo sons de admiração e deleite. Detestei mesmo fazer isso, mas não tivemos alternativa. Ela precisava cumprir suas obrigações no "mundo real".

D: *Leve com você esse belo sentimento. Vamos nos afastar daquela cena mas voltaremos a ela noutro momento. Leve com você sua beleza, seu calor e seu amor enquanto você se afasta da cena.*

Suas expressões faciais e seus movimentos corporais estavam protestando. Ela não queria mesmo sair da cena, mas teve de obedecer às instruções dadas por mim, a hipnoterapeuta. Ela não podia permanecer em transe, por mais que quisesse. A cena foi se evaporando e ela foi sendo trazida de volta através do tempo até regressar ao quarto.

D: *Está tudo bem. Prometo que vamos voltar a aquela cena.*

Orientei sua personalidade a voltar ao presente e depois devolvi Mary à sua consciência plena. Quando ela acordou, ainda estava sob o encanto daquela cena final. Ela começou a chorar. Pedi-lhe desculpas por ter de afastá-la dela. Ela compreendeu, pois fora ela que estabelecera o limite de tempo da sessão, mas, mesmo assim, estava desapontada. Rapidamente, pus uma fita nova no gravador e registrei parte de nossa conversa depois que ela acordou:

D: *Queria registrar um pouco daquilo que você disse. Você disse que, quando olharam nos olhos um do outro, foi amor à primeira vista?*
M: Houve uma compreensão tão profunda que foi avassaladora. Eu não podia acreditar que estavam me pedindo para sair de lá. Puxa, eu tinha acabado de chegar. Foi muito forte.
D: *Desculpe! (Riso)*
M: Dolores, foi como coisas que têm acontecido comigo nesta vida e que ainda não consegui entender. Tenho sido afastada de coisas que significam muito. (Decidida) Mas nós vamos voltar.
D: *Vamos, e conseguiremos terminar isso. Mas acho que vocês não estavam tão próximos assim a ponto de...*
M: Eu estava tão próxima que podia estender a mão e tocar a dele.
D: *Você pôde ver o rosto dele?*
M: Sim. (Com veneração) Eu o estava olhando nos seus olhos.
D: *Qual a aparência do rosto dele?*

M: Oooh! Forte... e gentil... e amoroso. Era tudo que havia no seu rosto... amor. Seus olhos eram... havia apenas amor. Ele não era muito alto. Tão gentil. Tão bom. Ah, temos de voltar.

D: *De que cor eram seus cabelos?*

M: (Pausa) Quase como se o sol os iluminassem e houvesse um pouco de vermelho neles.

D: *Você viu de que cor eram os seus olhos?*

M: Não. Eram olhos muito profundos. Eram quase como se não tivessem fim. Eles iam direto... direto para dentro. (Riso) Era como aquele ditado, "perder-se nos olhos de alguém". Eles eram assim. As crianças estavam muito empolgadas. Elas percebiam que havia alguma coisa acontecendo ali. E não sabiam para quem deviam olhar (riso).

D: *Nunca tive de sair de uma cena num momento pior (riso). Normalmente, planejo-me melhor, e assim podemos evitar essa confusão e insatisfação.*

Eu não conhecia bem a vida pessoal de Mary. Sentada na beira da cama, ela me disse que se casou e se divorciou três vezes. Disse que durante toda a sua vida, coisas e pessoas de que ela gostava foram tiradas dela. E foi assim que se sentiu com relação a aquela regressão. Bem no momento em que ela o viu (aparentemente, um ponto alto em sua vida monótona e infeliz), eu a fiz sair de lá. Ela ficou muito impressionada com aquele homem e quis saber mais sobre ele. A julgar por suas descrições e reações, para mim não havia dúvida de que o homem que ela havia visto era Jesus. Foi por isto que fiquei muito surpresa quando ela disse, com um olhar distante nos olhos, "Fico me perguntando quem seria ele".

Espantada, eu perguntei, "Quer dizer que você não sabe?" Ela disse que não fazia mesmo ideia, exceto que era, com certeza, um homem notável e incomum. Respondi que achava que não devia lhe dizer o que eu pensava e a deixaria descobrir isso sozinha na sessão seguinte. Seus comentários parecem descartar definitivamente qualquer desejo inconsciente de sua parte de criar uma fantasia que lhe permitisse conhecer Jesus. Ela nem o identificou como aquela pessoa.

Ela reuniu seus pertences e, com um suspiro profundo, entrou em sua van. Assim, voltou ao mundo cotidiano dos negócios, entregando suas plantas.

A cena que ela descreveu ficou grudada em mim, permeando o ar à minha volta com doce suavidade. Sim, nós voltaríamos. Eu precisava conhecer melhor esse homem notável que ela havia trazido até nós através do tempo.

Capítulo Três

A Cura

PARA MARY E PARA MIM, foi perturbador ter de interromper a sessão anterior bruscamente e num momento tão crucial. Quando nos reunimos na semana seguinte, eu estava determinada a voltar ao mesmo dia, se fosse possível. Nossa esperança era dar continuidade à história do encontro entre Abigail e aquele homem incomum que eu identifiquei como sendo Jesus.

Antes de começar a sessão, Mary quis me falar da memória da dança com as crianças nos degraus do Templo. Sentamo-nos no sofá e eu liguei o gravador. Quando trabalhamos com casos assim, nunca é prudente tentar confiar em sua memória ou em suas anotações, pois podemos perder detalhes que mais tarde serão valiosos. Um comentário casual e insignificante pode ser um vínculo importante que enfeixa a história toda. O gravador é uma ferramenta indispensável, embora costume levar semanas até eu conseguir transcrever as fitas.

O olhar distante nos olhos de Mary era um indício de que ela estava revivendo visualmente a cena em sua mente. Mais uma vez, ela viu as crianças nos degraus, rindo despreocupadas.

M: Do modo como a cena voltou à minha memória visual, vi que as crianças e eu fazíamos uma fila única, depois uma curva e girávamos para dentro, formando um círculo pequeno, apertado. Depois, o líder nos levava para fora desse círculo e ficávamos novamente numa reta. Fazíamos uma pequena curva para dentro, fechávamos o pequeno círculo e depois o desfazíamos novamente (tudo isso era acompanhado de movimentos com as mãos). O propósito disso era explicar simbolicamente para as crianças que havia ocasiões em nossas vidas nas quais precisávamos ficar recolhidos conosco mesmos, quietos e sozinhos. E que havia momentos para sairmos no mundo e nos manifestarmos abertamente. Depois, o equilíbrio tornaria a ser o recolhimento,

31

ficarmos sozinhos, saindo novamente no mundo depois. Isso era usado como um exemplo, uma demonstração para que conhecessem o equilíbrio entre a vida contemplativa e a vida ativa. Eu percebi o significado simbólico. Para mim, ele foi claro como cristal.

D: *Você disse que também usava baquetas e pandeiro.*

M: Sim, era para a percussão numa dança diferente. Essa não ficou tão clara para mim, exceto pelo fato de eu poder ver as crianças nos degraus. Devia haver um degrau mais amplo que dividia duas partes da escada na qual fizemos aquela dança. Os degraus do Templo não eram um conjunto singular de degraus. Havia uma série de degraus, depois um mais largo e depois outro conjunto de degraus. Por isso, acho que fizemos aquela dança no degrau mais largo.

D: *No começo, pareceu estranho vocês dançarem nos degraus. Mas eles não eram como os das escadas que conhecemos.*

M: Eram bem largos. Eu ensinava as crianças dessa maneira. E os homens achavam isso seguro, pois pensavam que eu não poderia influenciar as crianças. Eu estava no meu lugar "apropriado". Mas havia muitos ensinamentos espirituais sendo transmitidos. Vou lhe contar outra coisa interessante que aconteceu neste verão e que foi muito pouco típico para mim. Eu estava numa grande loja de material de jardinagem aqui da cidade, onde compro coisas para minha empresa. Eu fui lá para pegar algumas plantas que iria instalar num jardim comercial que estava criando. De repente, vi no chão um vaso de argila na forma de uma rolinha. Por algum motivo, não consegui tirar os olhos da rolinha. Acabei comprando o vaso. O motivo de ter sido pouco típico para mim foi seu preço, 34 dólares, o que é muito dinheiro para se pagar por uma rolinha de argila (riso). Mas foi como se aquela ave falasse comigo. Sabe, foi uma reação instantânea. E na semana passada, na regressão, quando a rolinha saiu da gaiola, eu quase disse, "Paloma", pois foi esse o nome que dei a aquele vasinho.

D: *É assim que se diz pomba em espanhol. Mas aquela rolinha devia ser amestrada, pois não saiu voando.*

M: Certo. Ela e eu tínhamos uma conexão espiritual. Nós nos comunicávamos.

D: *Quando você a soltou, achei que ela iria sair voando. Mas parece que ela ficou no lugar.*

M: Ela voou. Voou em círculos à nossa volta. Ela mostrou a liberdade do voo. Ela sabia exibir sua liberdade no céu e sabia voltar, para ensinar os outros a sair e voar.

D: *O simbolismo era esse.*

M: Ela realmente compreendeu que era uma auxiliar espiritual de meus ensinamentos. Éramos muito próximas.

D: *E esse incidente com o vaso em forma de rolinha aconteceu meses antes de começarmos a trabalhar. Talvez seu subconsciente estivesse tentando prepará-la para isso, como se dissesse "chegou a hora" ou coisa assim. Ver a pequena estatueta ativou uma memória.*

M: Bem, deve ter sido isso. Pois quando cheguei em casa naquela noite, depois da regressão, e passei pela Paloma, pensei, "Agora, entendo porque você é tão querida para mim".

D: *Foi uma conexão importante com uma memória.*

Quando começamos a regressão, minha tarefa consistiu em levar novamente Mary de volta à mesma vida e, se possível, à mesma cena. Usei sua senha e fiz a contagem regressiva para a vida de Abigail.

D: *Vou contar até três e vamos voltar pelo tempo e pelo espaço. Quando eu disser três, estaremos na época em que Abigail viveu em Jerusalém. 1... 2... 3... voltamos pelo tempo e pelo espaço até a época em que Abigail estava em Jerusalém. O que você está fazendo? O que está vendo?*

Quando terminei a contagem, Mary exibiu reações faciais.

D: *O que foi?*

M: (Sorrindo) As crianças. Consegue ver as crianças? Estou muito perto das crianças. Elas são muito queridas para mim.

D: *O que as crianças estão fazendo?*

M: (Riso) Sendo crianças. Pulando. Subindo e descendo as escadas. Sendo alegres. Conversando com a rolinha.

D: *Elas gostam da rolinha, não é?*

M: Sim. Ela é um espírito especial.

D: *Onde você está?*

M: Nos degraus do Templo. (Num tom de voz muito amável) As crianças são muito especiais. Uma garotinha gosta do pandeiro.

Pusemos fitas na lateral dele. Ela adora dançar agitando o pandeiro, fazendo as fitas tremularem. Não estamos tentando transmitir nenhuma coisa estruturada agora. Só estamos passando o tempo juntos.

D: *Você não disse que os sacerdotes vão deixar você trabalhar com as crianças?*

M: Sim, sim. Sem que os sacerdotes saibam, estas crianças são veículos. São depositárias do conhecimento e do treinamento que tenho recebido. Quer as crianças entendam plenamente aquilo que estamos fazendo quando estamos juntas, quer não, ainda assim isso fará parte delas. E quando suas vidas chegarem ao ponto em que essa informação puder ser útil para elas, elas serão capazes de se recordar. Terão aquele padrão estabelecido.

D: *Podem não se lembrar de onde ele veio, mas ele estará lá.*

M: Certo. Temos muita influência sobre a vida das crianças durante seu desenvolvimento. Nesta idade, é quase como que um condicionamento para elas. Influenciamos como elas vão reagir a seu mundo quando ficarem mais velhas. Se você prepará-las para a compreensão e a sabedoria, elas serão capazes de se recordar de tudo isso mais tarde.

D: *E os sacerdotes acham que assim você não causa mal algum.*

M: Estou segura. Estou fazendo uma coisa que é segura, um trabalho aceitável para uma mulher. Deixo as crianças brincando pelo Templo, e sou mulher, não sou uma figura intimidadora para elas. Sim, meu trabalho é... bem, jogaram apenas uma migalha para mim, sem imaginar a oportunidade que me deram.

D: *Provavelmente, era uma coisa com a qual não queriam se preocupar.*

M: Sim. E eles compreendem que as mulheres têm jeito com as crianças, coisa que eles mesmos não têm. Estão muito ocupados com sua importância e sua posição e acabam intimidando as crianças. É como se pusessem medo no coração das crianças (disse, desgostosa). Usam seus trajes complexos, ornamentos na cabeça, mantos e toda a parafernália que faz parte daquela função, daquele papel. Aqui, as crianças e eu brincamos usando nossas roupas cotidianas. Podemos nos sentar ao sol e podemos ir para a sombra se ficar muito quente. E temos ferramentas comuns e queridas para trabalhar, pois nossa vida é uma vida comum. Muito poucas pessoas têm cargos com autoridade incomum ou sistemas de apoio complexos à sua volta. Todos nós vivemos de maneira comum e cotidiana. E se soubermos usar as ferramentas comuns de nossas vidas, compreendendo que podem representar uma compreensão muito mais ampla, então teremos conseguido fazer alguma coisa nas vidas das pessoas comuns.

D: *Temos mais influência do que percebemos que temos.*

M: Sim, creio que isso é verdade. Acho que não percebemos o quanto podemos influenciar as crianças à nossa volta.

D: *Acho que os sacerdotes estão cometendo um erro. Você também poderia ser de grande ajuda para os adultos, mas eles não percebem isso.*

M: (Suavemente) O conhecimento. Não sei onde vai parar o conhecimento.

D: *Bem, você está fazendo seu papel ajudando estas crianças.*

M: Sim, esta simples preparação. Mas o conhecimento completo que tenho é... não sei, talvez alguém me seja apresentado para que eu possa transmiti-lo. Minha cabeça está repleta. Minha cabeça... faço aquilo que posso.

D: *Pode sempre contar comigo. Estou ansiosa para aprender e agradeço o que você está fazendo.*

M: Obrigada.

D: *Mas se os sacerdotes não a querem aqui, por que você está aqui? Achei que talvez fossem tirá-la daí, ou forçá-la a sair. Eles não podem fazer isso?*

M: Creio que estou vinculada. Isso foi organizado pelas pessoas com quem estudei. Esta era a meta ou o resultado desse ensino e dessa preparação. Quando isso foi concluído, eu devia vir ao Templo. Imaginava-se que seria um lugar excelente para eu dar aulas e compartilhar o conhecimento. Eles não sabiam que isto iria acontecer. Não era para ter sido assim, mas agora não posso fazer nada. Os sacerdotes sabem que tenho conhecimentos místicos e eles acham que isso não deve ser compartilhado com as pessoas comuns. Tampouco posso estar numa posição influente como professora. É como se tivessem engarrafado aquilo que eu recebi. Eles só me dão um canal muito pequeno, as crianças. Mas as crianças são apenas uma pequena parte daquilo que fui preparada para fazer. Não me permitem fazer aquilo que fui preparada a fazer. É por isso que a minha mente está... está apertada, repleta.

D: *Acho que os sacerdotes devem ter medo de você. Eles querem que tudo seja feito à maneira deles.*

M: Sim. Creio que apesar desses homens terem se disposto a ser líderes espirituais, eles seguem o que está escrito na Lei dos Livros. Eles não têm uso para o conhecimento ou para aquilo que entra no coração como um presente de Deus, mas apenas para aquilo que podem ler na página escrita. E o conhecimento que foi compartilhado comigo e que eu preciso repartir com os outros tem natureza esotérica. Eles não têm uso para ele. Eles estão um pouco assustados, mas é mais do que isso – eles simplesmente não entendem que isso complementa a Lei (ela estava se referindo à Torá, o livro das regras de conduta judaicas). Eles veem isso como um aspecto frívolo, quase sem forma, da espiritualidade. Creio que pensam que isso fica adequadamente contido na mente de uma mulher, pois está relacionado a sentimento, intuição e espírito, e não à mente, ao raciocínio. Ah, essas regras deles!

D: *Que regras?*

M: Eles têm regras para tudo. Procuram no livro em vez de procurarem no coração. Perdem de vista o espírito da Lei porque seguem a Lei ao pé da letra.

D: *Acho que não entenderiam nem mesmo se você tentasse explicar tudo isso para eles. Eles não são pessoas desse tipo.*

M: Concordo.

D: *Mas espero que se nos encontrarmos assim, você possa compartilhar um pouco desse seu conhecimento esotérico comigo. Ficaria grata por aprender essas coisas. Isso pode ajudá-la a desabafar.*

M: Neste momento... não parece aceitável.

D: *Não estou dizendo neste momento. Em algum momento.*

M: Você teria de passar por... uma iniciação ou introdução para compreender aquilo que você está pedindo para receber. Depois, você decidiria se iria querer assumir a responsabilidade por esse conhecimento. Como eu disse, levar adiante esse conhecimento sem ter como retransmiti-lo causa uma dor física na minha cabeça. Ela vai daqui até aqui, uma dor física (ela fez movimentos na extensão de sua testa).

D: *Ao longo da testa. Bem, não quero que você se sinta desconfortável.*

M: Estou acostumada com ela. Ela está lá.

D: *(Dei-lhe sugestões para aliviar qualquer sensação física real).* *Enquanto estivermos conversando, isso não vai incomodá-la. Não quero que você sinta qualquer desconforto.*

M: Agradeço.

D: *Talvez, porém, enquanto trabalharmos juntas e eu fizer essas visitas com você, você consiga me passar a iniciação e poderemos descobrir.*

M: Só depende de você. É uma responsabilidade que deve ser levada a sério.

D: *Certo. Mas hoje, estou interessada naquilo que você está fazendo. Você está brincando com as crianças. Há outras pessoas por perto?*

M: Parece que há pessoas que estão perambulando por aqui. Elas não parecem ter um propósito ou uma meta específica nesses passeios. É como se estivessem visitando, olhando por ali, vendo como são as coisas. Talvez sejam visitantes de fora da nossa região e morem longe. Seria uma oportunidade especial para elas conhecerem este espaço e se familiarizarem com este Templo. Elas olham e dizem, "Puxa, veja!" (apontando)

D: *O Templo é bonito?*

M: Sim, e é bem grande. Espaços abertos, altos. É... hesito em usar a palavra "intimidador", mas seu tamanho é notável.

D: *Provavelmente, é por isso que estão espantados. Bem, neste dia, tem mais alguma coisa acontecendo ao redor do Templo?*

Eu estava tentando voltar ao encontro com o homem que presumi que seria Jesus para darmos continuidade à história. Não sabia se estávamos no mesmo dia ou não.

M: (Suavemente) Aquele homem!

D: *Que homem?*

M: Aquele homem de luz.

Aparentemente, ela o estava vendo novamente. Voltamos à mesma cena sem pedir. Entretanto, esta era a nossa intenção, e o subconsciente de Mary sabia disto.

D: *Da última vez que conversamos, você conseguia vê-lo entre as colunas e ele estava falando com outras pessoas com voz de autoridade. É isso que você está vendo?*

Suas expressões faciais revelavam uma experiência agradável.

M: Sim. Aquela luz.

D: *Qual a aparência dessa luz?*

M: Ela é branca. Ela o envolve completamente. Emana de todas as partes do seu corpo. Desde os seus pés... tudo, ao redor de seu corpo todo... até sua cabeça (espantada). É como se ele caminhasse numa cápsula de luz.

D: *Puxa, parece muito bonito.*

M: É notável. Nunca vi nada assim. Ele é da luz.

D: *O que você acha que causa essa luz?*

M: Seu espírito. A luz é a manifestação externa de sua luz interior. Ele não pode ser contido num corpo físico e por isso ele emana. Ela está particularmente clara, é como se fosse só para eu vê-la.

D: *Você está surpresa por conseguir ver uma coisa assim?*

M: Não, não, isso não é incomum. É que a natureza dessa luz é muito incomum. É uma luz muito branca.

D: *Quer dizer que para você não é incomum ver luzes ao redor das pessoas.*

M: Não, não, eu tenho esse conhecimento.

D: *As outras luzes que você tem visto são diferentes?*

M: Sim. Esta é bem diferente. Sabe, as crianças têm um brilho suave à volta delas. Têm tons rosados, amarelos e esverdeados. São como joias reluzentes, suaves e infantis. Este homem é um diamante. Este homem tem uma luz límpida, branca, poderosa. Muito, muito poderosa.

D: *O que ele está fazendo?*

M: Está falando com as pessoas. Está usando os braços ao falar. Ele fala com muita autoridade. Ele não está necessariamente satisfeito com o comportamento de algumas pessoas.

D: *Você consegue ouvi-lo dizendo essas coisas?*

M: Não, eu percebo por seu tom de voz. Suas palavras não chegam com clareza. Ele está voltado para outra direção e a projeção aponta para longe da minha audição. Mas seu tom de voz revela muita coisa.

D: *Como se ele não estivesse satisfeito com alguma coisa.*

M: Bem, não é uma reprimenda. É mais uma... explicação. Uma explicação com muita firmeza. Se eles conseguirem ver a verdade, então serão capazes de se alinhar melhor com sua luz.

D: *Isso é uma coisa difícil para as pessoas.*

M: Essas pessoas que estão em pé ao redor dele parecem ter uma energia muito escura e densa. É quase como se... (respira fundo, uma revelação) como se estivesse falando com pedaços de carvão! (Riso) Eles parecem mesmo escuros e densos. E ele tem essa luz. Ele parece estar tentando levá-los a sair de suas densidades para receber um pouco de sua luz. E ele está usando uma linguagem firme para chamar a atenção deles e ajudá-los a compreender a importância daquilo que está dizendo. Ele não está sendo duro. Está sendo gentil mas firme, digamos.

D: *Às vezes, é isso que precisamos fazer.*

M: Sim. Este homem é muito amável. É como se amasse todos esses pedaços de carvão (riso). E ele quer muito... (outra respiração profunda, outra revelação). Oooh! Ele quer transformá-los em diamantes. É por isso que vejo esta analogia. Esses pedaços de carvão podem se transformar em diamantes como ele próprio. (Ela ficou muito feliz com sua descoberta).

D: *Mas isso exigiria muito trabalho, não?*

M: Ah sim, eles são muito densos. São muito sombrios. Ele compreende muito bem.

D: *Você gostaria de ir ouvi-lo?*

M: Acho que posso esperar. Enquanto as crianças estão sob meus cuidados, vou manter seus pequenos espíritos alegres e seguros para que sintam sempre que estão dentro de um casulo protetor quando estão comigo. Acho que isso melhora o aprendizado. Creio que ficam mais receptivos e que os ensinamentos atingem uma parte mais profunda de suas mentes quando mantemos esse casulo à nossa volta, como unidade, como um só corpo, como se o professor e os alunos fossem uma só coisa.

D: *Da última vez que falamos sobre isso, achei que você estava com medo de levá-las lá. Você não sabia quem era esse homem e o que ele estava dizendo e achou que as crianças poderiam se assustar.*

M: Um homem disse, "Venha ouvi-lo". Vou ficar com as crianças. Nosso relacionamento é muito importante e eu não quero que isso se interponha entre nós. É quase como se ficássemos dentro de

39

uma esfera de luz colorida enquanto estamos juntos. Sim, vou ficar aqui e vamos nos manter. Mas posso perceber que esse homem não seria um intruso. Na verdade, sua luz se expandiria e envolveria a nossa luz.

D: *Achei que talvez você estivesse com medo de as crianças correrem algum risco.*

M: Não, é mais uma questão de manter nossa própria esfera. Como você sabe, quando ficamos próximos desses pedaços escuros de carvão, nossa aura acaba sendo afetada, bem como nosso brilho e nossa luz.

D: *Sim, eu entendo isso.*

M: As crianças estão comigo com base num vínculo de confiança. Não desejo levá-las até essas energias. Elas terão muito tempo para isso em suas vidas. Nosso relacionamento é de confiança. Vou mantê-lo dessa forma.

D: *Isso é bom. Não era com a presença dele que você estava preocupada.*

M: Acho que não precisamos recear aquele homem.

D: *Vamos nos adiantar um pouco. Da última vez, você disse que ele sentiu a sua presença e se virou?*

M: Sim! Foi quase como se houvesse uma conexão entre nós. Um vínculo que pode percorrer este espaço físico. Foi quase como se estivéssemos atraídos um pelo outro. Que a energia dentro dele e a energia dentro de mim são similares, e que somos levados pela energia dessa luz.

D: *Diga-me o que está acontecendo.*

M: Ele sentiu a minha presença porque ele é sensível à energia.

D: *Deve ser uma energia bem diferente da energia das pessoas com quem ele está falando.*

M: Sim, sim (risos).

D: *(Longa pausa) E agora, o que ele está fazendo?*

M: Ele ainda está conversando com outras pessoas. (Longa pausa)

Suas expressões faciais indicaram que alguma coisa estava acontecendo.

D: *O que foi?*

M: (Suavemente) Sim, ele... ele virá.

D: *Como assim?*

40

M: (Sua voz revela muita alegria) Ele virá. Em resposta à nossa luz.

D: *Você acha que ele consegue ver a luz em torno de vocês?*

M: (Positivamente) Ah, sim! Ele consegue ver. Acho que não existe nada que ele não consiga ver.

D: *Ele deve ser uma pessoa muito notável.*

M: Ele é. Ele veio até nós! Como eu disse, sua luz se expandiu e envolveu a nossa luz. Agora, fazemos parte de sua luz.

D: *O que ele está fazendo?*

M: (Encantada) As crianças estão radiantes. As crianças estão radiantes. Elas... (ela ficou fazendo sons de admiração e deleite). Vivas... sim, a energia é... Oooh! Todo o meu corpo está formigando. Oooh! As crianças... oh, as crianças (sorri). Estão sendo crianças. Ficam puxando a manga e a ponta do manto e pedindo-lhe para se ajoelhar – e é o que ele está fazendo. Ele entende as crianças. Sim, e as crianças reagem a ele. É como se esse homem fosse o resultado adulto daquilo que elas seriam depois de receberem uma colherada de cada vez. É como se dissessem, "Oooh! É nisto que nos tornamos! É por isto que estamos aprendendo aquilo que estamos aprendendo! Olhe! É assim que vamos ser quando crescermos!"

D: *Eles conseguem sentir isso?*

M: Sim. Ah, temos... fomos levados à sua luz. É um... é maravilhoso... incomum... (Sua voz estava repleta de admiração, a ponto de ela ter dificuldade para completar as frases).

D: *Sentimento?*

M: Sim. Tudo isto é como se estivéssemos fora do espaço e do tempo. Estamos todos dentro desta esfera de luz branca (suspiro profundo). Bem, ele quer saber o que as crianças estão aprendendo.

D: *Ah, ele está conversando com elas?*

M: E "Qual a sua brincadeira favorita?" e "Qual a sua música predileta?" e "Pode me mostrar?" e... Mas as crianças estão excitadas demais para se reunir e... (riso de encantamento).

D: *A multidão o seguiu?*

M: Há algumas pessoas aqui, sim. É como se as crianças também tivessem transformado a multidão. Agora, não sinto mais a multidão como carvões densos e escuros, mas como grupos de cores, muitas cores, texturas e formas. Não se distinguem, mas há uma multidão aqui. Não estamos no mesmo plano que eles.

41

D: *Quer dizer que aconteceu alguma coisa quando ele se aproximou de vocês?*

M: Sim, nós... Nós estamos suspensos nisto (riso). Estamos em nosso próprio mundo (risada alegre). É muito agradável.

D: *Ele também está conversando com você ou só com as crianças?*

M: É como se ele compreendesse quem sou. E que não é preciso falar disso. É como se ele estivesse sendo um exemplo para as crianças. Que a sua presença aqui, esse tempo que ele passou com elas neste momento, vai ficar com elas por toda a vida. Esse foi o principal propósito de ter vindo aqui, fazer as crianças terem essa experiência da energia, do vínculo e de se elevarem nesta luz branca. De ficarem suspensas fora do tempo e do espaço. As crianças sempre se lembrarão disto... até em suas próximas vidas. Elas tiveram este contato.

D: *Ele conversou com elas ou você acha que o simples fato de ficar perto delas foi suficiente?*

M: Ele se ajoelhou do lado delas. Ele está no nível delas. Seus braços estão em torno delas. As crianças estão empolgadas e comunicativas. Ele parece compreender todas elas ao mesmo tempo. (Pausa) Ele está olhando para mim. (Respira fundo) Oooh! Ele entende tanta coisa! Oooh! (Ela ficou quase sobrecarregada pela emoção).

D: *O que foi?*

M: (Quase chorando, a voz trêmula) Ele compreende. Ele compreende a dor na minha cabeça. Ele compreende o conhecimento que não me permitem compartilhar. Oooh! Ele me ama por causa daquilo que sou capaz de fazer. É como se isto fosse suficiente. Trabalhar com as crianças. Compartilhar aquilo que posso com suas jovens mentes em desenvolvimento será suficiente. Será suficiente. Oooh! Esse homem! Creio que ele removeu a minha dor.

D: *Ele encostou em você?*

M: Não. Mas a dor passou.

Ela estava tão mergulhada em sua incrível experiência que me senti uma intrusa.

D: *Ele falou com você ou simplesmente comunicou isso a você mentalmente?*

42

M: Nossas mentes se entenderam. Ele... ele tem o mesmo fardo. Ele tem muito conhecimento e compreensão. E é como se ele tampouco estivesse podendo compartilhar isso. Pode ter sido essa a conexão que o atraiu até aqui (suspiro profundo). Temos um caminho similar. Nós nos entendemos.

D: *Enquanto isso acontecia, ele parou de falar com a multidão?*

M: Sim. Ele já havia terminado de transmitir o que fora compartilhar com eles. Foi como se sua vinda até nós tivesse sido um ato muito particular dele e a multidão não estivesse envolvida nisso. Eram simples espectadores. Eles estavam lá e testemunharam tudo, mas não participaram. Creio que nem entenderam aquilo que viram. Eu não me surpreenderia se estivéssemos invisíveis (riso). Estávamos muito alto, muito.

D: *Como assim, muito alto?*

M: Bem, quero dizer, estávamos expandidas na luz. É... nós estávamos brilhando.

D: *Provavelmente, as outras pessoas não viram nada extraordinário. O que ele está fazendo agora?*

M: (Suavemente) Estou numa calma tão grande que é difícil sair dela.

D: *Ele ainda está ali?*

M: Creio que ele ainda está ali. Tenho a impressão de que... saí do corpo. E preciso voltar ao meu corpo.

D: *Sim, para as crianças. Você não pode deixá-las ali.*

M: Ah, estão todas em segurança. É só... até eu voltar ao meu corpo, não sou muito boa nisto que estamos fazendo (suspiro profundo).

Ela estava respirando profundamente, aparentemente num esforço para se reintegrar.

M: Foi uma cura. Como se ele tomasse para si tudo aquilo que era doloroso para mim. Ele realmente me libertou. E sei que é por isso que estou tendo dificuldade para retornar.

D: *Talvez sua cabeça não volte a incomodá-la tanto.*

M: (Suavemente) Passou. A dor sumiu. Acho que é isso que ele faz. Creio que ele tem essa habilidade. Creio que ele poderia envolver um desses pedaços de carvão para que se tornasse um diamante (riso suave). Creio que ele tem esse tipo de entendimento, esse... nível. Ele está num nível que nunca vi. Não sei nem se eu compreendia que esse nível pudesse existir. Ele ainda está conosco. Ainda estamos na esfera de luz branca, mas fomos suspensos. Estamos fora do tempo. As crianças estão fora do tempo conosco.

D: *Imagino que seja uma sensação muito estranha, mas não desagradável. (Quis me certificar de que ela estava confortável.)*

M: Oh, não. Quem iria querer sair disto? Não, este é um nível muito elevado.

D: *Fico curiosa para saber porque as outras pessoas não sentem isso quando ele fala com elas.*

M: Creio que elas ainda não abriram seus corpos e mentes para receber isso. É quase como se ele nos tivesse dado um presente como reconhecimento por nossas realizações. Que ele nos ajudou a progredir em nosso caminho simplesmente pelo fato de vir até aqui e ficar conosco. Por nos levar até sua luz e sua vibração. É como se ele tivesse nos dado um presente. Quando isto terminar, todos nós seremos diferentes.

D: *Então, ele não precisou encostar em você ou falar com você?*

M: Não. O que ele fez foi reconhecer as crianças no nível delas para que compreendam como são importantes. Cada uma delas é uma alma muito digna, com seus próprios dons especiais, suas próprias tarefas especiais. Ao se ajoelhar ao lado delas, tocá-las e permitir que o tocassem, todas obtiveram a validação completa de seus espíritos individuais. E quando ele se levantou e tornou-se um só comigo, elas testemunharam a transcendência. Isso lhes permitiu transcender e conhecer seus espíritos fora de seus corpos. Agora, elas têm essa verdade da realidade do espírito que vive em nós. (Tudo isso foi dito suavemente e com grande reverência.)

D: *E ninguém jamais poderá tirar isso delas. Talvez tenha sido mais fácil para as crianças porque elas estavam mais abertas.*

M: Sim, elas ainda são espíritos novos nesses corpos jovens. Elas ainda não foram (sorriso) adensadas.

D: *Essa é uma palavra adequada.*

M: Elas ainda estão leves. Bem, tenho certeza de que isto não pode prosseguir para sempre. Estamos... estamos retornando a nosso estado cotidiano.

D: *Que é bem diferente.*

M: Sim. E ele precisa ir. Ele nos abençoa enquanto desce as escadas. Ele diz que não é sempre que tem essa oportunidade. E que foi uma alegria especial para ele, assim como para nós. Como se

44

fôssemos especiais. Fomos tanto um presente para ele quanto ele para nós.

D: *Isso é muito bom. Vocês tiveram um papel nisso, também o ajudaram.*

M: Sim. (Dirigindo-se às crianças) Bem, crianças, foi uma experiência e tanto, não foi?

D: *O que elas disseram?*

Ignorando-me, dirigiu-se às crianças e depois começou a refletir sobre a experiência.

M: Podemos chegar nesse nível. Nós também podemos ser como ele. Temos nossos pequenos entendimentos que nos preparam para entendimentos maiores. E se formos capazes de inspirar todas as pessoas que queremos nesta vida, saberemos que nossas almas terão feito imenso progresso neste momento. Ganhamos um presente. É como se... oh! É extraordinário o tamanho do presente. Oh! É como se tivéssemos sido arremessadas anos, anos e anos à frente de nossa época. Ele foi capaz de causar o colapso do tempo. É como se tivéssemos avançado muitas vidas, mais do que éramos há apenas um momento. Agora, as crianças estão bem tranquilas comigo. Perceberam que estamos diferentes. (Suspiro profundo) Também é hora de reajustarmos nossos corpos e mentes. Está anoitecendo. Os pais virão pegar as crianças.

D: *Fico imaginando o que elas vão contar para seus pais, ou se vão falar alguma coisa.*

M: Não sei. Cada criança tem um grau diferente de entendimento com seus pais.

D: *Esta parece ter sido uma experiência dessas que só acontecem uma vez na vida.*

M: Sim. Eu também tive essa impressão. Foi... um presente imenso.

D: *Quem era aquele homem? Você sabe?*

M: Ele nunca disse seu nome. Nunca perguntei. Mas ele era da luz. Ele era como um Filho de Deus. Tinha uma compreensão maior das coisas do que qualquer pessoa da Terra neste momento. É como se fosse a personificação de todos os mistérios que aprendi. Como se ele fosse os próprios mistérios. Ele era como um produto acabado. Aquilo que ele compartilhou conosco foi... ele nos elevou a uma dimensão diferente. E ao fazê-lo, permitiu-nos

45

experimentar aquilo que nós também somos capazes de fazer. (Suspiro) E assim...

D: *Você disse que ele era como o Filho de Deus. Nós todos não somos considerados filhos de Deus?*

M: Sim. É que ele estava muito mais próximo dele em suas habilidades. Sabe aqueles pedaços de carvão que mencionei antes? Eles têm um caminho muito longo a percorrer até se tornarem luzes como aquela. As crianças e eu não somos pedaços de carvão, mas tampouco estamos naquele nível de luz em que ele está. E todos nós estamos voltando à nossa luz que emana de Deus. Este homem poderia caminhar pela Terra e estar naquele nível... não sei... não consigo assimilar isso... ele é uma pessoa muito especial.

D: *Creio que não deve haver muitos como ele, não é?*

M: Não. Nunca conheci alguém assim. Ele tem uma missão. É como se ele estivesse voltando ao caminho que determinou para si mesmo quando nos deixou. E que essa parada conosco... foi apenas um desvio. Não era o principal caminho que ele estava trilhando. Mas com certeza esse desvio que ele fez foi um presente para todos nós. Foi como se as crianças e eu o tivéssemos alimentado, assim como ele nos alimentou. (Voltando subitamente para a realidade) E assim (suspiro), a última criança está indo embora. Agora é a hora em que acendo as velas. Esta noite, na minha cama, terei muito para pensar.

D: *Sim, terá. E lhe agradeço de verdade por compartilhar essa experiência comigo. Quando eu voltar, você vai me contar mais coisas como essa e repartir suas experiências comigo?*

M: Não consigo crer que eu possa ter outras experiências assim.

D: *Mesmo que não sejam assim. Você vai repartir seu conhecimento comigo?*

M: Sim, claro. (Emocionada) Vou repartir minha vida com você.

D: *Se você o fizer, será uma honra para mim.*

M: Agora, preciso ficar sozinha.

D: *Eu entendo. Creio que agora é importante você ficar sozinha para refletir sobre aquilo que aconteceu. Eu agradeço e quero voltar noutra ocasião.*

M: Obrigada.

D: *Muito bem. Vamos sair daquela cena. Afaste-se da cena e permita que Abigail vá descansar e pensar naquilo que ela vivenciou.*

Então, trouxe Mary de volta ao estado de vigília, plenamente consciente. Esta experiência foi tão profunda que seria impossível traduzir a extrema emoção exibida na gravação. Sua voz estava suave e acariciava o ouvido como veludo enquanto ela narrava a experiência. Ela estava totalmente em êxtase e imersa na situação. Fiquei profundamente comovida enquanto a ouvia e tentei absorver aquele encantamento por osmose. Volta e meia, senti-me uma intrusa ao fazer minhas perguntas. Quando a trouxe de volta e a despertei, ela ainda estava apegada ao encantamento daquela experiência. Dava a impressão de que queria se apegar a ela enquanto pudesse, sabendo muito bem que em pouco tempo ela iria se evaporar. Embora estivesse acordada, ela ficou deitada na cama em silêncio, repassando todos os detalhes em sua mente. Foi um evento total, abrangente e incrivelmente belo, e ela não queria deixar que se esvaísse.

Tornei a ligar o gravador de fita e o que se segue foi parte da conversa depois que ela acordou:

M: Lembro que estava na cela onde durmo, de olhos bem abertos. Não sei se ainda era a carga da energia luminosa à minha volta ou se estava tentando entender o que tinha acontecido. Mas naquela noite, eu não dormi.

Comecei a falar mais alto e a me movimentar pelo quarto para romper o encantamento que ela havia criado para si mesma.

D: *Sim, essa foi uma experiência e tanto, não foi?*
M: (Ela ainda não tinha conseguido largá-la) Estávamos... foi quase como se tivéssemos sido removidos do planeta. Foi quase como se tivéssemos sido envolvidos por essa esfera de luz. Estávamos fora do tempo e do espaço. Não consigo deixar de imaginar que ficamos invisíveis.
D: *Não consigo imaginar que se alguém tivesse visto a cena teria compreendido o que estava acontecendo. Provavelmente, não viram nada de incomum.*
M: Talvez não. Não sei como isso funciona.
D: *Você disse que todas aquelas pessoas eram como pedaços de carvão. Provavelmente, não entenderam nada mesmo.*

Provavelmente, viram apenas um homem brincando com as crianças.

M: Não sei. Talvez também tenha sido uma experiência para elas. Creio que ele foi capaz de demonstrar isso para as multidões, embora estivéssemos em nosso próprio ambiente. A multidão tinha de ser capaz de perceber a mudança em nossos corpos físicos, pois houve uma mudança em nossos corpos físicos. Nós nos expandimos. A luz expandiu nossos corpos. Eles tinham de ter sido capazes de... talvez tenha sido uma demonstração. Como se esse homem estivesse dizendo, "Isto é possível. Vejam estas crianças, são puras, novas e não têm medo. Veja no que se transformam. E vejam esta mulher, repleta de confiança e de fé. Vejam como ela pode se transformar. Isso é uma coisa que vocês podem fazer". Creio que viram algum tipo de mudança.

D: *Sim, é difícil dizer o que podem ter visto. Bem, foi muito bonito. Creio que agora é hora de voltar à terra dos vivos. Mas é maravilhoso saber que você consegue se lembrar como se sentiu. Você poderá guardar isso como um presente. A maioria das pessoas não se lembra depois que desperta.*

M: Bem, foi uma liberação enorme. Meu corpo todo se livrou de um fardo. Não sei aonde tudo foi parar, mas ele conseguiu me aliviar. Não sei como fez isso. Mas como ele entendeu a restrição na minha mente, foi como se eu conseguisse me livrar dela. Porque alguém me compreendeu.

D: *Você acha que vai conseguir usar esta experiência na sua vida atual?*

M: Creio que esta recordação foi um presente para mim. E à medida que percorro meu caminho nesta vida, serei capaz de me valer dela. Lembra-se quando eu disse que as crianças, quando ficassem mais velhas, quer percebessem ou não, teriam esses padrões em suas vidas? Foi isso que me foi dado ali. Fique ou não na minha mente consciente, pode tornar-se agora uma parte desta vida. E quando eu precisar, serei capaz de usá-la.

D: *Isso é ótimo.*

Normalmente, os pacientes não retêm memórias claras da sessão quando estiveram num estado tão profundo que se identificaram totalmente com a outra personalidade. Neste caso, porém, como eu viria a descobrir, o subconsciente teve um motivo válido para permitir que ela se lembrasse. A recordação não iria prejudicar sua vida atual; em lugar disso, promoveria mudanças importantes, que iriam melhorá-la muito. Mary achou que não iria precisar de outras sessões. Ela havia recebido o suficiente para ficar ponderando durante vários meses. Quando o inverno caiu sobre nossas montanhas do Arkansas, cada uma de nós voltou à sua própria rotina.

Cerca de um mês depois, tornamos a nos encontrar numa festa e Mary veio até mim, envolveu-me com os braços e me disse que eu havia mudado sua vida toda. Disse que a experiência da regressão tinha tido um efeito muito profundo sobre ela. Que tinha aberto um mundo completamente novo para ela. Enquanto ficamos sentadas num canto reservado, ela me confidenciou que fora casada três vezes e que se divorciara três vezes. Ela parecia estar sempre procurando alguma coisa que não conseguia encontrar. Seus maridos não eram más pessoas, eram apenas humanos, mas ela encontrara defeitos em cada um deles. Agora, percebera que tinha experimentado um amor profundo e sobrenatural por aquele homem naquela vida passada e que andara tentando reviver aquilo desde então. Porém, inconscientemente, ela estava procurando aquilo em homens mortais e por isso nunca iria encontrar esse amor tão profundo e altruísta, porque ele não era deste mundo. Nenhum homem poderia se equiparar a ele. Ela tentara encontrar essa emoção incrível em todos os seus maridos, mas como eles eram humanos, essa emoção não estava lá. Desapontada, ela continuara procurando em vez de se acomodar ao lado do amor menor e mortal de um homem humano. Ela não havia compreendido conscientemente essa procura, essa necessidade de perfeição, de um amor perfeito.

Mary disse que desde a regressão, sua vida virara do avesso. Um mundo novo havia se aberto para ela, e era algo maravilhoso. Pela primeira vez em sua vida, ela havia se permitido envolver-se com um homem de forma normal, o que era uma experiência totalmente nova. Agora, ela sabia que podia ter um relacionamento e que o homem podia ser humano, com defeitos e tudo o mais. Ela sentiu que tinha se livrado de um fardo terrível. Suas expectativas elevadas e nada razoáveis sobre aquilo que o amor humano deveria ser foram postas em seu devido lugar. Ela compreendeu que esse amor tão incrível era real e ela o havia sentido. Mas ela também compreendeu que não iria

49

tornar a encontrá-lo enquanto estivesse viva, pois ele não era deste mundo.

Eu quis tornar a explorar novamente a vida de Abigail, mas isso não aconteceu. Mary ficou muito ocupada com seus negócios e com aquele interesse amoroso recém-descoberto em sua vida. Quando a via, de tempos em tempos, parecia feliz e em paz com sua vida, mas não sentia mais a necessidade de fazer regressões. Ela acreditava que havia encontrado a solução para seu problema mais imediato, e essa é a parte mais importante do meu trabalho. Meu desejo é ajudar as pessoas a se ajustarem para que possam viver da maneira mais eficiente em sua vida atual, sem que problemas e padrões de outras existências se infiltrem nela e interfiram.

Nunca descobri o que aconteceu com Abigail. Aparentemente, ela se dedicava ao serviço do Templo e precisava ficar ali. Mas gosto de pensar que sua vida teria ficado mais fácil após seu encontro com Jesus. Ela disse que isso aliviara a dor em sua mente, mostrando-lhe que seu trabalho com as crianças era importante e seria suficiente, mesmo que ela nunca transferisse o grande conhecimento que lhe haviam dado. Talvez ela tenha idealizado formas cada vez mais astutas de transmitir esses ensinamentos às crianças sem o conhecimento dos sacerdotes.

Com certeza, quando as crianças cresceram, não se esqueceram de sua bondade. Talvez tenham voltado para adquirir novos conhecimentos. Talvez ela tenha encontrado um aluno especial. Não importa o que aconteceu depois em sua vida, pois sinto que Abigail foi abençoada por esse encontro. Sinto que minha vida também foi abençoada pelo fato de ela me permitir revivê-la juntamente com ela. Eu também fui capaz de sentir aquele amor extraordinário através de suas palavras. Mandando estas informações para nossa época, Abigail transmitiu mais conhecimentos do que jamais poderia imaginar. Obrigada, Abigail. Você é mesmo uma professora dedicada, atenciosa e maravilhosa.

50

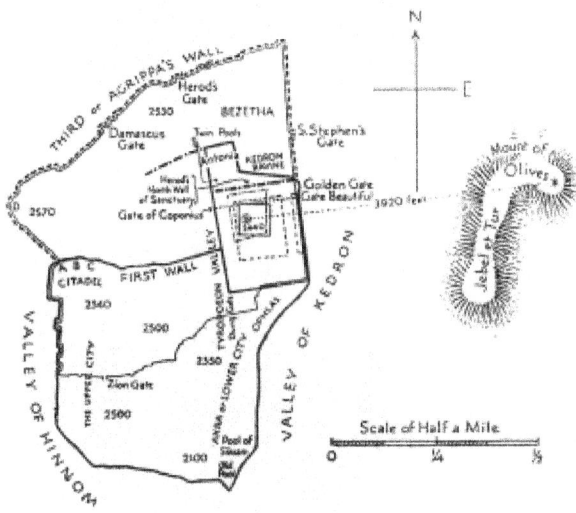

Herod's Jerusalem

A Jerusalém de Herodes

Modelo do templo de Herodes visto do sudeste

Capítulo Quatro

O Templo e a Velha Jerusalém

O MATERIAL deste livro foi obtido em 1986 e 1987 por meio de regressão hipnótica às vidas passadas dos pacientes. Ele ficou parado em meus artigos até meu editor sugerir, em 1993, que eu escrevesse uma sequência para *Jesus e os Essênios*. Na época, eu sabia que teria de fazer uma pesquisa necessária para confirmar ou negar as referências históricas e as implicações da narrativa. Esta é uma parte necessária de meu trabalho, e, no meu caso, agradável.

Os regressionistas cautelosos que lidam com este ramo não fazem pesquisa alguma antes do término das sessões. Já se sugeriu que se o hipnotizador ou o paciente tem algum conhecimento do período histórico ou do material, pode transmiti-lo inconscientemente através de PES (Percepção Extrassensorial), que eu considero um fenômeno importante por si só, desde que possa ser provado. Já vi pacientes darem indicações de que estão conscientes de coisas que acontecem no recinto, coisas que normalmente não poderiam ver ou ouvir. Às vezes, respondem a uma pergunta antes que eu a formule, como se a estivessem captando na minha mente. Sei que não estou fornecendo as respostas inconscientemente, e eles não estão mudando a história para que se ajuste a aquilo que estou imaginando, pois posso ter na mente uma imagem daquilo que vai acontecer depois e isso costuma estar totalmente errado. Eles parecem narrar os eventos segundo seu próprio e singular ponto de vista, e não posso fazer nada para influenciar isto. Realizei muitos testes e provei, para minha satisfação, que não há a ocorrência de influências indevidas. Mas, se nem eu e nem o paciente temos conhecimento prévio do material, do período histórico ou da região, então as respostas têm de vir de outro lugar além de nosso próprio subconsciente. Por estes motivos, os praticantes da regressão são aconselhados a não fazer nenhuma pesquisa enquanto o caso não tiver sido concluído.

Nos estágios finais de preparação deste manuscrito, decidi que era hora de remexer nos velhos livros empoeirados da biblioteca universitária onde faço minhas pesquisas. Se não consigo encontrar aquilo que desejo, eles têm um sistema de empréstimo entre bibliotecas muito confiável, que consegue localizar qualquer livro nos Estados Unidos. O computador deles localiza o livro, normalmente noutras bibliotecas universitárias, e o livro me é enviado. Esta é uma parte do meu trabalho de que gosto muito. Adoro pesquisar em livros antigos, lendo durante horas para localizar um detalhe importante. É como encontrar um diamante numa pilha de areia, e a pesquisa me dá tremenda satisfação.

Parte das informações que encontrei podem ser de conhecimento comum para judeus interessados na história de sua terra de origem, mas certamente não eram conhecidas por uma protestante norte-americana como eu. Vou incluí-las aqui para fazer um retrato da área tal como existia na época de Cristo. O ambiente apropriado é importante para qualquer narrativa.

Todos os anos, milhões de turistas visitam a Terra Santa esperando conhecer os mesmos lugares onde Jesus viveu, ensinou e morreu. Descobri que isto é impossível, pois esses lugares não existem mais. Mesmo aqueles que esperam caminhar sobre a mesma terra na qual Jesus andou verão que isso é impossível, pois o próprio terreno mudou muito.

Hoje, Jerusalém é uma cidade sagrada para três das mais importantes religiões do mundo: judaísmo, cristianismo e islamismo. Para as duas primeiras, ela é considerada a Cidade Santa, e para a terceira, só fica atrás de Meca e de Medina. Provavelmente por esse motivo, mais do que qualquer outro, Jerusalém manteve sua existência contínua – e por esta razão, nunca irá morrer enquanto a humanidade continuar a ter alguma crença religiosa.

Para este livro, concentrei-me em descobrir detalhes sobre o antigo Templo de Jerusalém e sobre a própria Jerusalém. Quis saber se era possível confirmar a descrição do Templo feita por Abigail. Aquilo que descobri me espantou. Sabe-se que muitas cidades antigas já desapareceram e que seus vestígios foram enterrados pelas areias do tempo. Geralmente, são descobertas através de pesquisas minuciosas e reveladas pedacinho a pedacinho pela pá do arqueólogo. Entretanto, sempre presumi que se uma cidade permaneceu no mesmo lugar durante milhares de anos, restos da antiga civilização ficariam preservados. Já vi ruínas na Inglaterra que datam de muitos séculos atrás. Roma ainda tem as ruínas do Coliseu e outras estruturas antigas. Assim, pensei que o mesmo aconteceria em Jerusalém. Como centro de tanta atenção religiosa através das eras, supus que alguns desses antigos lugares seriam preservados. Descobri que isso não é verdade. É espantoso, mas vi que não sobreviveu absolutamente nada da época de Cristo. Nenhum local foi murado e preservado para a prosperidade, pois na época em que os eventos estavam acontecendo, não havia sinal da importância e da influência que teriam no mundo, séculos mais tarde. Foi um choque descobrir que a maioria dos lugares apresentados a peregrinos devotos não tem base nos fatos. As igrejas cristãs de Israel foram construídas nos lugares que se supõe que tenham sido onde ele nasceu e morreu, e assim por diante, e supõe-se que sejam os lugares corretos, mas não são necessariamente autênticos. A maior parte dos lugares sagrados mostrados em Jerusalém têm sido selecionados gradualmente ao longo de muitos séculos em benefício de peregrinos cristãos, e alguns dos lugares têm sido movidos ou agrupados em nome da conveniência.

Por mais de 3.000 anos, a região de Jerusalém foi conquistada e ocupada por muitas civilizações e culturas diferentes. A cidade sofreu uma série constante de alterações, demolições e reconstruções. Materiais utilizados numa era foram reutilizados várias vezes e nesse processo chegaram a ser espalhados por diversos lugares. Construções que podem ter tido determinada finalidade foram alteradas e reconstruídas e assim mal exibem sinais de seu uso original. A região da Terra Santa e os lugares sagrados mudaram tanto que poucos locais podem ser identificados com certeza. Nem mesmo se determinou o local exato da antiga cidade bíblica de Belém. Sem dúvida, era uma cidade menor do que a atual. Agora, os especialistas estão dizendo que, embora a população tenha aumentado durante o censo, provavelmente não nasceram mais do que quinze bebês do sexo masculino nesse período crucial. Isso facilitou a tarefa de sua localização para Herodes, e o consenso é que provavelmente não houve o massacre coletivo de bebês que é apresentado nos filmes.

A atual cidade de Jerusalém foi construída principalmente a noroeste da cidade velha. Entretanto, é possível resgatar uma imagem razoavelmente precisa da cidade na época de Jesus. Do Monte das Oliveiras, era possível olhar diretamente sobre o Vale do Cedrom e ver a Cidade Santa. Na época de Cristo, Jerusalém ficava no alto de uma colina, e o Monte do Templo ficava rodeado por muros maciços por três lados. Dava a impressão de uma poderosa fortaleza posicionada num local inacessível, e, com efeito, ele resistiu ao teste do tempo ao longo de incontáveis ataques inimigos. Penhascos íngrimes descem pelas faces leste, oeste e sul até vales profundos (o Vale de Cedrom e o Vale de Hinom), servindo como muralhas de defesa naturais. Na época de Cristo, a cidade estava separada por uma ravina, o Vale do Tiropeon, e dividida em duas partes claramente definidas. Este vale profundo era atravessado por um grande viaduto ou calçada de pedra, apoiado por grandes arcos.

Jerusalém foi destruída e reconstruída tantas vezes que há cidades sobre cidades nela. Em alguns lugares, as ruas modernas estão quase trinta metros acima do nível da cidade anterior, enterrada em destroços que se acumularam sobre a maior parte da cidade antiga. Hoje, o Vale do Tiropeon está quase todo preenchido, restando apenas uma depressão rasa chamada el-Wad. Portanto, até a topografia da terra em torno da Cidade Santa mudou consideravelmente desde a época de Cristo. Originalmente, a área continha diversas colinas e vales distintos, e hoje transformou-se num planalto quase uniforme. Os vales em torno de Jerusalém foram preenchidos com o acúmulo das eras.

A colina mais ampla e mais elevada do lado ocidental do Vale do Tiropeon era o local da Cidade Alta, que o antigo historiador Josefo chamava de Mercado Superior. Podemos presumir que um dia, esta parte da cidade foi um centro comercial. A colina oriental mais baixa, que descia da área do Templo, era chamada de Acra e local da Cidade Baixa. A área do Templo em si era a "terceira colina". Ao norte do Templo, situava-se a "quarta colina", para onde a cidade estava se expandindo. Esta última parte, mais nova, era chamada de Bezeta (que provavelmente significa "Casa de Azeitonas") por Josefo e também de Cidade Nova. Na época de Cristo, esta área ainda não era murada. Naquela época, Jerusalém era uma cidade com muito mais colinas do que hoje, e as casas eram construídas nas ladeiras íngrimes. Frequentemente, as ruas estreitas assumiam a forma de degraus, inviabilizando a circulação de carroças e de cavalos.

Os judeus gostavam de considerar Jerusalém o centro do Mundo, e ela poderia, de fato, ser chamada de nodo central do mundo antigo. As diversas nacionalidades da Palestina e o grande influxo de estrangeiros para Jerusalém aportaram uma grande variedade de tipos humanos e fizeram com que muitas línguas fossem ouvidas em suas ruas. Grego, hebraico e aramaico eram as línguas principais. Muitas nacionalidades tinham seu próprio quarteirão em Jerusalém, e, em especial, suas próprias sinagogas e templos.

Algumas das imensas paredes que cercavam originalmente o Monte do Templo acompanhavam precipícios íngremes que mergulhavam até cem metros na direção do chão do vale abaixo delas. As escavações parecem confirmar a alegação de Josefo, que dizia que nos dias do Rei Salomão a imensa parede ocidental ficava visível em toda a sua altura, medindo 25 metros desde o leito rochoso até o nível do pavimento do Pátio Externo, e acima disto a parede do claustro se erguia acima do Pátio. Durante anos, imaginou-se que essa descrição fosse um exagero de Josefo.

Outra ponte de pedra lindamente construída cobria a ravina profunda do Vale de Cedrom no lado oriental do Templo, unindo essa seção ao Monte das Oliveiras. Foi descrita como uma calçada construída com arcos montados sobre arcos, com os arcos superiores saindo das chaves ou topos dos inferiores. Naquela época, foram construídas enormes subestruturas para se obter uma superfície nivelada entre as colinas, naturais e irregulares. Do lado oposto (o Monte das Oliveiras), havia antes uma escadaria em espiral que levava até o vale e depois subia até o portão leste da área do Templo. Na antiguidade, havia um passeio ou terraço espaçoso, com quinze metros de largura, na frente da entrada do Porta Dourada. Diz-se que Jesus teria entrado em Jerusalém seguindo esta direção desde o Monte das Oliveiras no Domingo de Ramos. Jardins em terraços também adornavam os declives que iam do leito do Cedrom até o terraço superior, perto da parede do Templo.

Josefo conta que na época de Jesus, Jerusalém estava completamente entrecortada por galerias e passagens subterrâneas, usadas não para drenagem ou enterros e sim com finalidades bélicas. Toda fortaleza antiga tinha uma passagem secreta para fugas em momentos de perigo. Quando os romanos invadiram e destruíram Jerusalém no ano 70 d.C., descobriram que o número de fugitivos que haviam se refugiado nas câmaras subterrâneas era tão grande que foi necessário escavar o subsolo para procurar o inimigo. Houve uma centena de combates nas entranhas da terra. Havia tantos cadáveres nesses túneis que um mau cheiro intenso emanava de todos os bueiros e tampas, e o ar da cidade ficou inadequado para a se respirar. Para impedir a disseminação de doenças, os romanos bloquearam as saídas de ventilação e muraram as aberturas nas passagens secretas. Com o tempo, essas velhas seções foram esquecidas e muitas se perderam. Havia muitos templos situados no Monte do Templo. Na nossa época, há nele o Domo da Rocha, um local sagrado dos muçulmanos (uma mesquita), no mesmo ponto onde se ergueram os templos anteriores. Hoje, o local é chamado de Haram esh-Sherif, "recinto sagrado", e que de fato é sagrado para cristãos, judeus e muçulmanos. Faz três mil anos que o Rei Davi escolheu Jerusalém como o lugar mais adequado como capital do reino de Israel. O Rei Salomão (ca. 973 – ca. 933 a.C.) construiu o primeiro templo em Jerusalém a partir de plantas desenhadas por seu pai, Davi. O Templo de Salomão ocupou o local onde hoje se situa o atual Domo da Rocha, embora, sem dúvida, o santuário moderno cubra uma área maior do que aquela ocupada pela estrutura de Salomão. Conjeturou-se que a Rocha Sagrada, sob o domo muçulmano ornamentado, é o cume natural da colina e foi o local do próprio edifício do Templo. Esta rocha pode muito bem ter servido de altar natural desde tempos primordiais. O Templo e o Palácio de Salomão ficavam dentro de uma murada, separados da parte principal da cidade propriamente dita. Hoje, não há nada dessas estruturas acima do solo, embora seções consideráveis tenham sido descobertas no subsolo. Temos apenas os registros de historiadores antigos para nos ajudar a imaginar a reconstrução do local.

A história de Jerusalém é uma história longa e turbulenta de ocupação por muitos países diferentes, com séculos de construção seguidos de destruição total e reconstrução. Serão necessárias mais escavações para adquirirmos dados suficientes sobre a validade de qualquer teoria atual e para se formular uma reconstrução precisa da planta baixa dos templos judaicos. Tais dados existem, mas no momento estão soterrados sob um vasto acúmulo de detritos e de lixo de muitos séculos, sob ruas e casas, o que dificulta sua escavação. As reconstruções subsequentes causaram grande destruição nas áreas da cidade antiga que foram escavadas até agora.

Os rabinos têm uma tradição segundo a qual o exemplar original da Lei acha-se enterrado dentro do recinto sagrado do Haram (a área que cerca o Domo da Rocha). E costuma-se dizer que a Arca da Aliança, que desapareceu repentinamente e nunca mais foi vista após a destruição do Templo de Salomão pelo Rei da Babilônia, foi escondida e ainda está oculta em alguma caverna sob a Colina do Templo.

Em algum lugar dentro das paredes da Cidade Santa, acha-se o sepulcro real dos reis de Judá (conforme a Bíblia). Nessa tumba real, encontram-se as cinzas de Davi e à sua volta, de cada lado, estariam Salomão e os príncipes sucessivos da Casa de Davi, que foram enterrados no mesmo sepulcro. Os arqueólogos acreditam que quando os Túmulos Reais forem encontrados, verão um complexo de câmaras e não uma série de câmaras individuais. Os historiadores alegam que o Rei Herodes, o Grande, sabia onde ficava a câmara sepulcral e retirou alguns dos tesouros enterrados com os reis. Ele quis realizar uma busca mais abrangente, mas dois de seus guardas foram mortos por uma chama misteriosa que irrompeu do sepulcro. Isto assustou Herodes e ele abandonou os túmulos. Supõe-se que nunca tornaram a ser visitados e sua localização desapareceu.

Em 598 a.c., Jerusalém foi capturada pelo Rei Nabucodonosor da Babilônia e depois tornou a sê-lo após uma rebelião, em 587 a.c. Nesta última ocasião, em particular, a cidade sofreu uma terrível devastação. Os babilônios destruíram completamente a cidade de Jerusalém – o Templo e suas paredes foram derrubadas e os habitantes exilados. Não houve reconstrução importante até depois de 538 a.c., quando se permitiu que exilados judeus voltassem da Babilônia depois de 50 anos de cativeiro. Naquela época, a cidade de Jerusalém foi reconstruída, lenta e dolorosamente. Neemias autorizou a reconstrução dos muros e do Templo no mesmo local do Templo de Salomão, mas numa escala menor e mais pobre. Este Templo durou cerca de cinco séculos, mas parte da construção sofreu com a deterioração e a negligência. Os relatos desse Templo ficaram registrados no Antigo Testamento.

Os romanos entraram em cena muitos séculos depois, quando os filhos do regente hasmoneu, Hircano e Aristóbolo, brigaram pelo trono. Isto abriu caminho para a passagem da região para as mãos dos romanos. Mais tarde, Roma fez de Herodes o rei da Judeia, um cargo que ocupou entre 40 e 4 a.c. Herodes o Grande era um construtor entusiástico, e foi sob seu governo que a cidade de Jerusalém atingiu a aparência que tinha no começo da era cristã. Jerusalém tornou-se uma cidade bem mais forte do que fora desde os tempos de Davi.

Herodes era muito impopular entre seus súditos judeus. Com a idade, procurou conquistar a simpatia das pessoas. Era um homem de gosto considerável em termos de alvenaria, e, conhecendo a profunda veneração dos judeus por seu santuário nacional, concebeu a ideia de realinhar os sentimentos negativos e de se tornar popular reconstruindo o Templo. Isso também rendeu trabalho para um número bem grande de homens, reduzindo a ameaça de uma revolução. No início, a oferta de reconstrução do rei foi recebida com dúvidas e suspeitas, mas Herodes cumpriu sua promessa. Sim, este era o mesmo Rei Herodes que assegurou sua reputação maléfica para sempre ao matar bebês em sua procura pelo menino Jesus.

Ele consertou os muros e construiu três torres poderosas no muro da cidade velha. Junto das três torres, ficava o palácio de Herodes. Mais tarde, quando a Judeia foi governada pelos procuradores romanos, este prédio imenso tornou-se sua residência e sede de governo enquanto estivessem em Jerusalém. No canto noroeste da área do Templo, ele construiu uma elegante fortaleza para os soldados, chamada Antonia (em homenagem a Marco Antonio), ligada aos pórticos do Templo por duas escadarias ou pontes, para que pudessem ter acesso imediato à área do Templo caso acontecesse algum problema. Da perspectiva da fortaleza, era possível manter uma vigilância constante sobre a cidade, seus subúrbios e o Santuário.

O mais importante empreendimento arquitetônico de Herodes foi a própria reconstrução do Templo. Embora tenha afirmado que estava fazendo aquela obra como um benfeitor público, provavelmente ele foi motivado pela vaidade. A obra começou em torno de 20 a 19 a.C. e a reconstrução do santuário em si foi concluída em cerca de um ano e meio. A parte principal do novo prédio foi finalizada em oito anos, aproximadamente, mas a obra de embelezamento e a construção dos pátios externos durou todo o período da vida de Cristo. A existência do principesco Templo de Herodes foi muito breve. No prazo de quarenta anos, a predição de Cristo de que "aqui não ficará pedra sobre pedra; serão todas derrubadas" (Marcos 13:2) tornou-se realidade quando os invasores romanos destruíram o notável edifício.

Todos os restos do Grande Templo de Jerusalém desapareceram. Quando os romanos atacaram Jerusalém em 70 d.C., o imenso e maravilhoso Templo foi queimado e completamente arrasado. Salvo pelo palácio de Herodes, que foi preservado por motivos administrativos, toda a Jerusalém foi varrida da existência. Muitos dos muros foram escavados até suas fundações e as pedras jogadas nas ravinas. Os romanos quiseram dar a impressão de que Jerusalém não era mais habitada, que não existia mais. Foi uma demolição completa e total e todos os habitantes foram assassinados ou removidos durante um dos piores banhos de sangue da história. Para tornar a área ainda mais desolada, os romanos derrubaram as florestas nas vizinhanças da cidade e depois as terras num raio de mais de 17 km. Assim, transformaram uma região densamente arborizada, repleta de vinhedos e de horticultura, numa terra completamente deserta. A Palestina nunca recuperou sua aparência anterior. Foi nesta época que Qumran, a comunidade essênia do Mar Morto, também foi destruída. A fortaleza de Masada foi tomada, mas não antes que centenas de pessoas cometessem suicídio lá, após um longo cerco pelos romanos.

Desde aquela época, estudiosos e arqueólogos vêm tentando determinar exatamente a aparência do Templo de Herodes e sua localização no Monte do Templo. Os únicos vestígios acima da terra são seções dos muros maciços que sobreviveram. Os próprios muros foram maravilhas de engenharia e de tecnologia, descritos por Josefo como "a mais prodigiosa obra de que o homem já falou". As bases foram apoiadas no sólido leito rochoso a até trinta metros abaixo da superfície atual. Foram descobertas rochas maciças pesando várias toneladas cada. Estas rochas foram colocadas com tanta proximidade que não dá para passar uma folha de papel entre elas; além disso, não se usou argamassa. Ainda é possível ver restos dessa alvenaria tipicamente herodiana no Muro das Lamentações, do lado ocidental da área do Templo.

Acima do solo, este muro parece ter sido reconstruído, pois as pedras não estão encaixadas com o mesmo cuidado de antes. As nove fileiras inferiores de pedra consistem em blocos enormes, característicos da alvenaria herodiana, com o maior medindo cerca de 4,8 m de comprimento e 3,9 m de largura. Acima delas, há quinze fileiras com pedras menores. Há muitas indicações de que se trata de uma reconstrução com material antigo. É difícil acreditar que os construtores originais, que se desdobraram para obter blocos de pedra magníficos com faces finamente trabalhadas, poriam estas outras pedras de forma tão casual. Os judeus têm visitado o Muro das Lamentações desde os tempos bíblicos para lamentar a destruição do Templo.

Há muitas outras teorias sobre a aparência do Templo na época de Jesus, mas poucos fatos. Alguns dos historiadores antigos – Josefo é o mais notável – deixaram descrições e referências em suas obras. O Templo foi construído com pedra calcária dura, extraída de enormes cavernas profundas sob a parte norte de Jerusalém. Este tipo de pedra pode ser polida até adquirir um brilho que lhe dá a aparência de mármore. A área do Templo foi abençoada com um fornecimento inexaurível de água que brotava de uma fonte natural. Havia um maravilhoso sistema de reservatórios subterrâneos interligados por canos e dutos. Parte desse sistema ainda existe nas câmaras subterrâneas sob a cidade atual.

Segundo Josefo, os muros do pátio externo do Templo eram cobertos por pórticos, e a basílica ao sul era particularmente notável, tendo no mínimo cento e sessenta e duas colunas. Cada pilar era um bloco único do mais puro mármore branco, tão grande que três homens mal o envolviam com os braços estendidos. Essas quatro fileiras de pilares incluíam três espaços para se caminhar no meio das galerias. Os tetos eram adornados com belas esculturas em cedro e a parte da frente era de pedra polida. Esta era a primeira coisa que se via após passar pelo portão através do maciço muro externo. A partir dali, o pátio aberto era pavimentado com pedras de todos os tipos. Não parece ter havido uma razão especial para essa grande basílica com pilares, a menos que tenha sido projetada para proteger as grandes multidões do sol e da chuva ou para atrair os comerciantes. Realizavam-se muitos negócios no Monte do Templo, relacionados com a venda de animais e aves para sacrifício e com o câmbio de moedas.

Adiante da basílica, havia um grande pátio externo conhecido comumente como Pátio (ou Átrio) dos Gentios. Embora somente judeus fossem admitidos dentro dos muros do antigo Templo de Salomão, Herodes achou que deveria reservar parte do Santuário para o uso de estrangeiros de todas as nações. Isso porque havia muitos egípcios, gregos, romanos e membros de outras nações residindo em Jerusalém. Assim, foi construído um grande pátio externo, aberto para todos que quisessem caminhar e conversar nessa galeria, doravante chamada de Pátio dos Gentios. Junto a este, ficava o Pátio dos Israelitas, no qual não se permitia a entrada de gentios sob circunstância alguma. Josefo afirma que esses dois pátios eram separados por um muro ou balaustrada baixa, com cerca de 1,4 m de altura e com treze entradas ou aberturas. No alto dessa divisória, foram postos pequenos pilares quadrados de pedra em intervalos, cada um com uma inscrição em grego dizendo que nenhum estrangeiro deveria passar por aquele muro e ameaçando de morte qualquer transgressor. O Templo era um enorme complexo formado por diversos pátios, um levando ao outro até se atingir o pátio interno e o Santo dos Santos. As pessoas tinham permissão para adentrar cada pátio conforme seu valor e sua limpeza. Tudo isto era definido pela Lei, o conjunto de leis mosaicas. Do lado leste do Monte do Templo ficava o Pátio das Mulheres. Chegava-se a ele por um pórtico consistente em pilares altos (chamados de Salão de Salomão) e depois subia-se uma série de degraus em terraço, pois esta área tinha uma inclinação maior do que o resto do Monte do Templo. Os degraus levavam de uma área para a próxima, progredindo desde o Pátio das Mulheres até a área principal do Templo. Os historiadores antigos dizem que a série de degraus devia ser interrompida por duas plataformas amplas, com um terceiro degrau amplo no alto da escadaria. Provavelmente, esses degraus se estendiam por todo o comprimento do Pórtico.

Os homens judeus podiam entrar nesta área e ir ao Pátio das Mulheres. Entretanto, a maioria das mulheres não podia ir além, pois eram consideradas impuras na maior parte do tempo, tanto no período menstrual quanto nas fases posteriores ao parto. Certos homens também não podiam adentrar os pátios mais internos se tivessem algum tipo de infecção ou doença ou se tivessem entrado recentemente em contato com um cadáver. Havia muitas regras sobre a higiene das pessoas, e a maioria dos judeus se encaixava numa dessas categorias num momento ou noutro.

Após o Pátio das Mulheres, havia vários outros que só podiam ser frequentados por certas pessoas, até se chegar à última câmara sagrada. Essa entrada oriental do Pátio das Mulheres era marcada por suas portas de latão coríntio. Josefo diz que às vezes aconteciam reuniões públicas na frente delas. Eram tão grandes que exigiam a força conjunta de vinte homens para abri-las e fechá-las diariamente, pois era ilegal deixar aberta qualquer porta do Templo. Havia outros nove portões e portas de acesso a esses pátios internos, completamente revestidas de sólidas placas de prata e de ouro, metais que também revestiam seus batentes e lintéis. Mas o enorme portão de latão as excedia, tanto em tamanho quanto em valor.

No Pátio dos Sacerdotes, e diretamente na frente do edifício do Templo propriamente dito, havia o altar no qual se faziam sacrifícios e se queimavam as oferendas. Havia uma série de anéis no chão, onde os animais que seriam sacrificados eram amarrados para aguardar seu destino. A área também continha oito mesas de mármore nas quais as carcaças eram esfoladas, lavadas e preparadas para o altar. O sangue das vítimas escorria por furos no chão, e a área toda ao redor do altar se assemelhava ao matadouro de um açougueiro. Ali, a queima dos incensos e a bênção das pessoas eram feitas na frente daqueles que tinham qualificação para entrar nessa parte do Templo.

Não só toda a fachada da casa do Templo, como também o muro e a entrada entre o pórtico e o santuário, estavam cobertos por placas de ouro. O santuário em si ficava dentro desse pátio mais interno e chegava-se a ele por meio de uma escadaria com doze degraus. Era feito de pedras brancas, e a cada uma Josefo atribuía o imenso tamanho de 10,5 por 3,6 por 5,4 metros. Dizem que foi o maior santuário religioso do mundo em sua época. Na frente, sua altura e sua largura eram iguais, cada uma medindo cem cúbitos (quase 45 metros), segundo Josefo. Todo ele estava coberto por placas de ouro, com um espelho dourado côncavo acima da entrada. Esse espelho refletia os raios do sol nascente com esplendor ígneo.

Dentro do santuário, havia as divisões costumeiras do Santuário e do Santíssimo. No Santuário havia um altar, um candelabro de ouro maciço com sete braços e uma luz que nunca se apagava. As paredes do Santíssimo eram revestidas de ouro mas não continham absolutamente nada, pois não se permitiam imagens. O sumo sacerdote era o único ser humano que podia adentrar esta câmara sacra, e mesmo assim, só em certos dias especiais. Acredita-se que o Santíssimo teria se situado sobre a atual Rocha Sagrada dentro do Domo da Rocha.

Somente a entrada para esta seção sagrada ficava visível para as pessoas. Ela ficava coberta por uma bela cortina de seis cores que se agitava ao vento. Esta cortina ocultava o interior dourado e seu conteúdo dos olhos dos leigos. É esta a cortina que foi rasgada completamente ao meio na época da crucificação de Cristo.

Visto do Monte das Oliveiras, o Templo ficava diretamente em primeiro plano, onde hoje o Domo se ergue acima da Rocha sagrada. Cercado por suntuosas colunatas, cada um de seus pátios se erguia sobre os outros, cada um mais elevado do que o anterior, até o próprio Santuário interno, cuja fachada de mármore e ouro reluzia e brilhava.

Aparentemente, o propósito de Herodes era fazer com que o Templo ficasse visível a uma longa distância, dominando seus arredores. O material da construção, um calcário branco como a neve, e a frente quadrada totalmente coberta de ouro, visavam distrair a atenção de todo o resto da cidade. Por isso, era bem natural jurar pelo ouro do Templo.

Todas essas obras exigiam somas de dinheiro elevadas. Herodes aplicava impostos excessivos impiedosamente e estava sempre pensando em novas formas de financiar seus diversos projetos. As pessoas também eram tributadas duramente pelos romanos para financiarem gastos ainda maiores no exterior, algo que não trazia benefícios aos súditos de Herodes. As pessoas consideravam esses ônus opressivos. Havia queixas amargas contra o desperdício de dinheiro extraído do povo. Herodes achou que se as pessoas pudessem ver parte do dinheiro aplicado no projeto visível de reconstrução do Templo dedicado a seu Deus, ficariam satisfeitas, pelo menos em parte.

Não é possível aquilatar plenamente o caráter do santuário de Jerusalém a menos que se leve em conta conceitos como "sacralidade" e os preparativos rituais pelos quais aqueles que desejavam "aparecer diante do Senhor" precisavam passar. Alguns eram incentivados a levar as regras de pureza à vida cotidiana para não incorrer na ira de Deus. As posições de Jesus eram diferentes. Ele não atribuiu importância aos diversos estágios de santidade no santuário, tal como seus contemporâneos piedosos. Ele achava que estavam preocupados com o ritual e a cerimônia e não com o significado dessas coisas. Elas haviam se esquecido das pessoas e das necessidades de cada indivíduo.

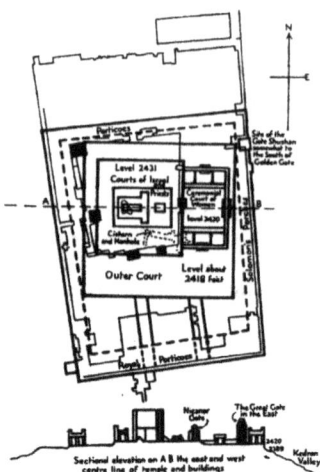

The Temple Sanctuary

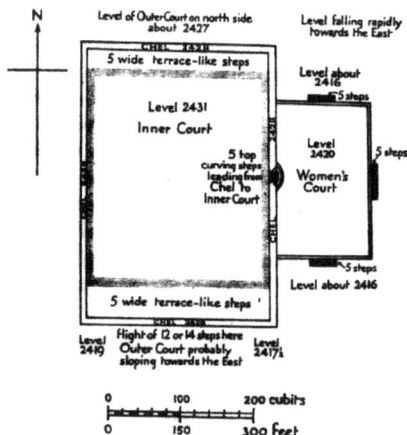

The Women's Court

Pórticos -Local do Portão Shushan um pouco ao sul do Portão Dourado – Nível 2431 – Pátios dos Sacerdotes de Israel – Pátio ceremonial das mulheres – Cisterna e bueiro – Pátio externo – Nível acima de 725m (2418 ft)– Pórticos reais – Portão de Nicanor – O Grande Portão Oriental – Vale do Cédrom – Seção da elevação em A B, linha central leste-oeste do templo e dos edifícios

O Santuário do Templo

Nível do Pátio Externo do lado norte cerca de 809m (2427 ft) – 5 degraus similares a terraços – Nível cai rapidamente para leste – Nível cerca 724 (2416 ft) – Nível 724 (2420 ft) – Pátio Interno – 5 degraus curvos que levam de Chel ao Pátio Interno – Pátio das Mulheres – Aqui, altura de 12 ou 14 degraus, provavelmente Pátio Externo descendo na direção leste – 200 cúbitos – 90 m (300 ft)

66

Entrada do Pórtico – Largura de 20 cúbitos e altura de 40 cúbitos

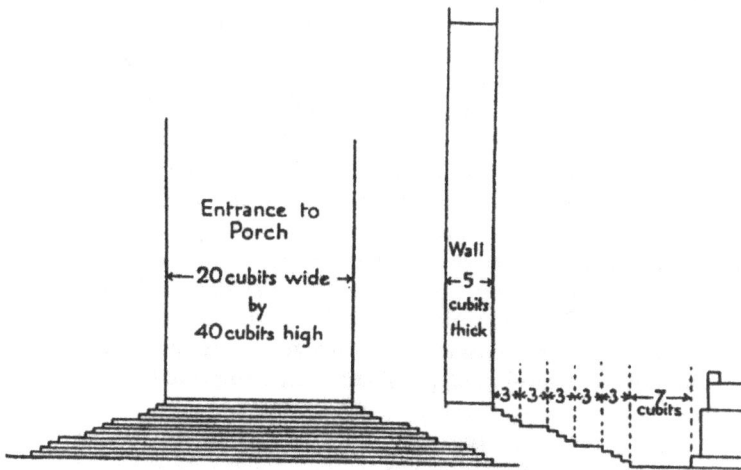

The twelve steps approach to the Temple Porch

Muro de 5 cúbitos de espessura

Acesso ao pórtico do templo pelos doze degraus

Creio que a área na qual Abigail ministrava aulas às crianças ficava deste lado oriental do edifício. Havia várias outras escadarias saindo do Pátio dos Gentios até o Pátio das Mulheres, mas o grupo de degraus em terraço parece se encaixar na descrição da dança sobre degraus mais largos. Também seria sensato os sacerdotes delegarem Abigail ao Pátio das Mulheres, pois se adequaria ao status que lhe haviam conferido. Ela estava sendo mantida novamente no seu "local apropriado". Perto desta área externa, havia uma câmara para guardar instrumentos musicais, o que também se encaixa com a descrição das danças feita por ela.

Havia colunas na extremidade oriental do pórtico, que poderia ser o lugar onde Jesus estava falando com a multidão reunida. A grande área com colunas ao sul (a basílica), na entrada do Monte do Templo, ficava longe demais para que Abigail pudesse vê-lo e ouvi-lo com clareza. Os historiadores parecem concordar que Jesus e seus seguidores ensinavam na área situada do lado leste do Templo. Isso faria sentido, pois ali ele poderia falar com todos, independentemente

67

de seu grau de limpeza. Além disso, ele podia ser ouvido tanto por judeus quanto por gentios, pois esta área ficava antes da barreira e era aberta para todos.

Se minhas premissas estiverem corretas, então Jesus teria estado falando na extremidade inferior do Pátio das Mulheres, sob o pórtico das colunas, enquanto Abigail brincava com as crianças nos degraus amplos que levavam aos pátios internos. Se ele se virou e a viu, ele teria subido as escadas na direção dela enquanto a multidão observava desde uma posição mais baixa. Creio que as descobertas dos historiadores e as interpretações de Josefo identificaram-na como a única área na qual isso poderia ter acontecido. O mais notável de tudo é que os degraus, os pilares e outros detalhes estão lá. São fatos comprobatórios que não são achados facilmente por alguém que não tenha feito uma pesquisa minuciosa.

Nos próximos capítulos, vou inserir itens relativos a esta pesquisa em seus lugares apropriados.

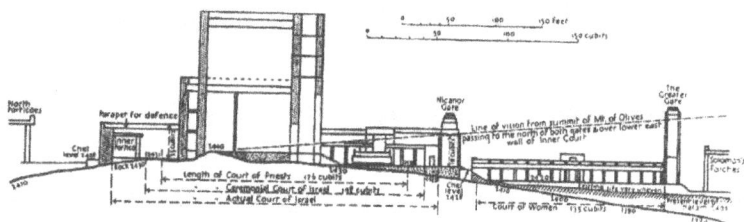

A sectional elevation of Herod's Temple

Elevação seccional do Templo de Herodes

Pórticos do norte – Parapeito de defesa – Pórtico interno – Comprimento do Pátio dos Sacerdotes – Pátio cerimonial de Israel – Pátio de Israel (real) – Portão de Nicanor – Linha de visão do alto do Monte das Oliveiras, passando ao norte dos dois portões e sobre o muro oriental inferior do Pátio Interno - Pátio das Mulheres – Terreno muito irregular – O Portão Maior – Colunata de Salomão – Nível atual

Capítulo Cinco

Introdução à sobrinha de Jesus

A PRÓXIMA CONEXÃO-SURPRESA com Jesus surgiu espontaneamente em 1987, um ano depois de meu trabalho com Mary. Eu ainda estava profundamente envolvida com a tradução das quadras de Nostradamus (para a série de três volumes *Conversando com Nostradamus*) e agora me tornara investigadora ufológica. Fui chamada novamente para hipnotizar pessoas envolvidas em casos de suspeita de abdução no Arkansas (ver meu livro *Guardiões do Jardim*). Meu tempo estava dividido em diversos projetos, além da terapia de vidas passadas.

Anna era uma judia muito gentil e tranquila com trinta e tantos anos, embora sua aparência ocultasse sua idade. Ela parecia possuir uma jovialidade eterna, dando a impressão de que ocultava uma adolescente travessa sob a superfície. Foi educada no judaísmo reformado e ela e sua família não falavam hebraico. Anna e seu marido tinham resolvido fugir das condições ruidosas e populosas de Los Angeles, onde havia nascido e fora criada. Resolveram adotar um estilo de vida mais tranquilo em nossas colinas de Arkansas e construíram um estabelecimento de cama-e-café nos arredores de uma cidade turística próxima. Eu a conhecia fazia vários anos e tinha trabalhado com ela como paciente em muitos projetos. Ela mostrara ser uma paciente excelente e eu a condicionara a entrar rápida e facilmente em transe profundo. Na verdade, posso dizer que Anna é um desses raros indivíduos incapazes de enganar alguém. É a pessoa mais confiável que já conheci.

Na época deste incidente, Anna não estava tendo nenhum problema e não estávamos trabalhando especificamente em nada. Ela vinha vendo cenas repetitivas em sua mente. O cenário parecia similar a Israel ou a aquela parte do mundo. Eram simples cenas de rua e vislumbres de pessoas vestidas em trajes típicos da região. Não eram perturbadoras, mas ela achou que seu subconsciente estava tentando

69

lhe dizer que ela teria tido uma vida naquele país. Ela quis explorar essa possibilidade. Resolvemos ver se conseguíamos encontrar alguma informação sobre isso durante a primeira sessão. Depois que ela se acomodou confortavelmente na cama, usei sua senha e iniciei a sessão.

D: *Você disse que ultimamente tem visto algumas cenas que podem estar relacionadas com uma vida passada. Vamos ver se conseguimos encontrar alguma coisa sobre isso e se há algo nisso que você precise saber. Você achou que poderia ser Jerusalém, mas não temos certeza. Portanto, se as cenas que têm surgido em sua mente forem importantes e tiverem validade, eu gostaria de explorá-las para saber se há nelas alguma coisa que você precise saber. Vou contar até três e, na contagem de três, você estará lá. 1... 2... 3... voltamos a aquela época que você tem visualizado. O que você vê? O que você está fazendo?*

Ela entrou na cena num momento incomum. Sua voz era infantil e ela estava tão emocionada que parecia prestes a chorar.

A: Eu... sou uma menina. Ainda não tenho treze anos. Meu nome é Naomi (pronunciado "Naiomi"). E não estou muito feliz (quase chorando). Ah, é difícil falar sobre isso.
D: *Aconteceu alguma coisa para fazê-la se sentir assim? (Ela estava soluçando e eu a acalmei.) Pode falar comigo.*
A: Gostaria de ser um menino. Assim eu teria liberdade para fazer aquilo que acho que devo fazer. E eu sei disso (ela começou a chorar). Isto é difícil.

Anna já me conhecia e tínhamos um relacionamento de trabalho, mas aqui eu estava lidando com outra entidade. Eu precisava obter a confiança de Naomi para que ela se sentisse à vontade para falar comigo.

D: *Compreendo. Às vezes, precisamos ter alguém com quem conversar. Sempre que quiser, você pode falar sobre isso comigo.*
A: Eu deveria estar difundindo os ensinamentos, pois compreendo-os muito bem em meu coração. E ele olhou para mim e me disse que

eu não poderia fazer isso, pois sou mulher e não seria compreendida. E... (soluçando) eu o amo tanto.

D: De quem você está falando? Quem lhe disse isso?

A: Foi... (soluços) foi o Nazareno.

A única pessoa que conheço e que era chamada dessa maneira era Jesus. Isso foi uma surpresa. Eu teria de fazer minhas perguntas com cuidado para determinar se era mesmo dele que ela estava falando.

D: Você conhece o Nazareno?

A: Sim (soluços). E eu queria sair da casa dos meus pais para ir com ele, porque eu sei, eu sei que posso fazer todas essas coisas. (Sua voz estava tomada pela tristeza e pela emoção). E não tenho medo.

Ela começou a chorar e as lágrimas escorreram pelo seu rosto, molhando o travesseiro.

A: Eu poderia cortar os cabelos e usar roupas de meninos. E acho que ninguém veria a diferença. Mas acredito, acredito mesmo, que eu deveria andar ao lado dele, ajudá-lo, cuidar dele. Creio que ele precisa de mim. E creio que se eu tivesse nascido menino, poderia ter feito isso. Mas não me resta nada a fazer. Não quero fazer outra coisa.

D: Eu entendo.

A: E dizem que meu pai é meio-irmão dele (funga). E se é assim, penso que deveriam me permitir fazer isso.

Essa foi uma surpresa e tanto. Presumi que ela estivesse falando de Jesus, mas ele tinha um meio-irmão? Em *Jesus e os Essênios* foi mencionado que ele tinha vários irmãos e irmãs, mas não entramos em contato com eles nesse livro. Embora eu estivesse confusa, tive de pensar em maneiras de fazer perguntas sem sugestioná-la.

D: Quem é o seu pai?

A: Meu pai é um mestre forjador. Ele trabalha com metal. É o metalúrgico da aldeia. Ele faz cadeados e diversas coisas com os metais que ele elabora.

D: Você disse que ele é meio-irmão desse outro homem?

71

A: Foi o que me disseram. Não sei se é por isso que querem me manter longe dele.

D: *Qual é o nome do seu pai?*

A: José.

Outra surpresa. Descobri que naquela cultura, geralmente o filho mais velho recebe o nome do pai.

D: *Há quanto tempo você conhece esse outro homem?*

A: Sempre o conheci. Ele sempre esteve lá. Ele vai à minha casa para visitar meu pai. Acho que eles fazem coisas juntos, mas ele faz outras coisas na cidade. Ouvi-o falar e foi como se ele estivesse falando as minhas palavras. Sei que ele também está indo embora.

D: *Para onde ele está indo?*

A: Ele está levando um grupo numa viagem, uma peregrinação para divulgar ensinamentos. E sei que esse é o meu lugar. Mas meu pai não pensa assim. Meu pai sente medo, mas eu não. Minha mãe é uma mulher muito discreta. Ela não fala nada sobre isso.

D: *Como se chama a cidade ou aldeia onde você mora? Ela tem um nome?*

A: Jerusalém. Eles dizem...

Ela pronunciou três palavras que pareciam hebraico, uma língua da qual Anna não tem conhecimento consciente algum. Para mim foi difícil transcrevê-las foneticamente, e por isso, mais tarde, pedi a um homem que era fluente em hebraico para ver se ele conseguia entendê-las na gravação. Ele disse, "Claro", e me deu a grafia correta: *Yerushalaym shel sahav.* Naomi prosseguiu:

A: E agora eu sei o que isso significa. Nunca soube o significado.

D: *E o que significa?*

A: Significa "Jerusalém de Ouro".

O judeu me disse que essa tradução está absolutamente correta. Depois, explicou porque Jerusalém tinha esse nome. As casas mais antigas são feitas de uma pedra calcária local com cor de mel, o que dá à cidade toda um reflexo dourado quando é banhada pelo sol. Essa me pareceu uma explicação plausível, até eu fazer minha pesquisa sobre a velha Jerusalém. Todas as edificações da cidade moderna foram erguidas após a época de Cristo, e por isso o nome não se aplicaria, a menos que as casas tivessem sido feitas com o mesmo tipo de material há dois mil anos. Esta é uma possibilidade, mas minha pesquisa revelou uma explicação muito mais lógica para se chamar a cidade de "Jerusalém de Ouro". Descobri que os principais prédios do Templo foram construídos com um calcário branco tão polido que seu brilho fazia com que se assemelhasse ao mármore. A frente dos prédios foi forrada com placas de ouro, e várias das grandes portas que levam ao pátio ou santuário interior foram revestidas de ouro e prata. Tudo isso dá a impressão de um Templo reluzente, que deve ter sido uma visão e tanto. Dizem que o Templo era tão bonito que falava-se dele por todo o mundo antigo. Aparentemente, as pessoas chamavam a cidade de "Jerusalém de Ouro".

A: Sempre gostei do som dessa frase ao ouvi-la, mas nunca soube o seu verdadeiro significado. O significado é aquilo que ele está disseminando. Significa aquele brilho dourado que vejo saindo da área de seu coração. É aquele brilho dourado que vem do amor, do cuidar e da bondade, de não haver nele medo ou crueldade. Significa esse tipo de ouro. O ouro do ser. Não significa o ouro do metal. É isso que eu não compreendia. Assim, quer dizer que ele transformou Jerusalém em ouro por causa daquilo que está tentando ensinar. E creio que agora que entendi isso, quero simplesmente vivenciar isso. Quero ser útil. Quero caminhar com ele. Pois sei que tenho a mesma energia amorosa e que posso ajudar. E não preciso ser casada, ou que tomem conta de mim, ou ser mãe. Sei que posso andar com ele e aprender a curar e a diminuir a dor dos outros. E isso é tudo que desejo.

D: *Você disse que conhecia alguns de seus ensinamentos. Você estudou com ele? Como é isso?*

A: (Riso) Não, isso não é permitido. Eu o ouvi falando com meu pai quando pensaram que eu estava dormindo. Eu também me disfarcei e saí até um lugar onde ele estava tendo uma reunião. E ouvi quando saí e fiz isto.

D: *Ele tem um grupo grande de pessoas? Você disse que ele estava com um grupo.*

A: Não, não é muito grande, pois a maioria das pessoas tem estudado os ensinamentos em particular, em grupos pequenos. Mas ele sabe agora que ele deve mandar suas mensagens para fora. Este grupo é pequeno porque não há muitos de nós com coragem suficiente para seguir o caminho da verdade e do amor. É difícil encontrar pessoas que não têm medo de curar e de servir. Por isso, neste momento, o grupo não é muito grande, pelo que sei.

D: *Você o conhece por outro nome além de Nazareno?*

A: Eles o chamam de Jesus, mas acho que gosto mais de "Nazareno", soa melhor. Talvez seja porque ouço meu pai e ele conversando. O Nazareno.

D: *Estava curiosa para saber se era assim que seu pai o chamava.*

A: Oh, às vezes. Geralmente, porém, quando ele vem e falam de negócios, de carpintaria e de metal, ele o chama de Jesus. Às vezes, chama-o de irmão. Eles usam muito "irmão".

D: *Mas você disse que ouviu dizer que eles são meio-irmãos. Isso quer dizer que eles têm a mesma mãe ou o mesmo pai? O que você sabe sobre isso?*

A: Não sei se entendi isso direito. Na verdade, eles nunca chegaram a falar disso, ou, se falaram, não foi na minha frente. Mas acho... acho que o pai é o mesmo, pois meu pai tem o nome do pai dele. Mas tem muita coisa que não compreendo. Eles nunca me contam.

D: *Você já viu sua avó e seu avô? (Estava pensando em José e Maria).*

A: Vejo os pais da minha mãe mais do que os do meu pai. Há coisas de que eles não falam. Não os vemos com frequência. Eles moram longe. É isto que me dizem.

D: *Então, quem você vê mais daquela família é o Nazareno, quando ele os visita. Você tem irmãos e irmãs?*

A: Tenho um irmão. E ele está longe. Ele saiu para estudar.

D: *Que tipo de estudo?*

A: Ele foi se instruir. Foi estudar com professores e *raboni* para aprender as diversas Leis e Ensinamentos. Ser um homem instruído.

Eu não consegui encontrar a palavra "raboni" no dicionário em inglês e por isso perguntei ao meu conhecido judeu. Ele disse que é um modo mais respeitoso de tratar um rabino.

D: *Ele precisou viajar muito para fazer isso?*

A: Sim. Ele precisou ir a outra cidade grande para isso.

74

D: *Eu pensava que Jerusalém era grande.*
A: Jerusalém é grande. Mas creio que para seus estudos ele não podia ficar em Jerusalém. Já expliquei que educação significava exclusivamente o estudo da Lei. Qualquer outro tipo de aprendizado teria de ser obtido noutro lugar. Ocorreu-me a ideia de que talvez seu irmão tivesse ido estudar com os essênios, uma vez que Jesus tinha muita familiaridade com eles.

D: *Então, você não sabe mesmo aonde ele foi? Nunca ouviu alguém dizer alguma coisa?*
A: Não me deram um nome. Não, não sei o nome. Mas há muitas coisas que eles não me deixam saber. Acho que é por medo ou porque pensam que estão me protegendo.

D: *Mas este irmão é mais velho do que você, certo?*
A: Sim. Este irmão tem dez anos a mais do que eu. Não sei... ele pode estar envolvido em coisas sigilosas. Por isso, eles me dizem aquilo que me dizem. É como se ele fosse outro pai (riso). Minha mãe tem como filhos meu irmão e eu, mas ela cuida de outras crianças. E ela faz todas essas coisas que se esperam das mulheres. Mas ela cuida de crianças órfãs ou de crianças que precisam ser acompanhadas.

D: *Pode me dizer como é a aparência do Nazareno? Qual a sua aparência física?*
A: Ele é... quando olho para ele, não sei ao certo. Vamos ver. Para um homem, ele tem a altura do meu pai, que podemos dizer que é média. Ele parece muito... ele é forte nos braços e nos ombros. Ele não é um homem muito grande, mas tem força. E seus olhos, seus olhos são maravilhosos. Seus olhos são azuis. E ele tem cabelos castanhos e... pelos no queixo e acima da boca. E ele é bronzeado de sol. Eu diria que a pele dele é razoavelmente escura.

D: *Mas você disse que os olhos dele são maravilhosos?*
A: Sim. Nunca pensei que olhos azuis pudessem ser bondosos e amáveis, mas os dele são. Estou acostumada com olhos escuros. Mas os olhos dele são muito bondosos, muito amáveis (suspiro).

Em *Jesus e os Essênios*, mencionei um livro pouco conhecido, *The Archko Volume*, escrito pelos Drs. McIntoch e Twyman e publicado em 1887. Esses homens descobriram, na Biblioteca do Vaticano, relatos escritos que falavam de Cristo. Um deles continha uma descrição de Jesus que coincide notavelmente com as descrições fornecidas por diversos pacientes. Após a publicação de *Jesus e os Essênios* em inglês, descobri outra dessas cartas que continham uma descrição similar. Este documento surpreendente também foi descoberto na Biblioteca do Vaticano. Teria sido escrita ao Senado romano na época de Cristo por Públio Lêntulo, na época procônsul romano na Judeia, antecessor e amigo de Pôncio Pilatos. Esta é a descrição que ele faz de Jesus:

"Este é um homem de estatura nobre e bem proporcionada, com um rosto repleto de bondade e firmeza, de modo que quem o vê ama-o e também o teme. Seus cabelos têm a cor do vinho (provavelmente castanhos), com a raiz dourada – lisos e sem lustro – mas, a partir do nível das orelhas, são cacheados e reluzentes, divididos ao meio à maneira dos nazarenos.

"Sua testa é regular e lisa. Seu rosto não tem manchas e é realçado por um viço temperado; seu semblante é ingênuo e bondoso; sua barba é cheia, da mesma cor de seus cabelos, e dividida; seus olhos são azuis e extremamente brilhantes.

"Ao repreender ou advertir, ele é formidável; ao exortar e ensinar, gentil e amigável no falar. Ninguém o viu rir, mas muitos, ao contrário, viram-no chorar. É pessoa alta; suas mãos belas e retas. Ao falar, é determinado e grave, pouco dado à loquacidade; na beleza, supera a maioria dos homens".

Este trecho foi extraído do artigo "Qual a verdadeira aparência de Cristo", por Jack Anderson, e apareceu na *Parade Magazine* de 18 de abril de 1965.

D: *Você disse que ele visita a sua casa desde que você se recorda?*
A: Sim. Sempre o conheci. Sempre o vi aqui. Quando eu era muito pequena, achava simplesmente que eles faziam negócios juntos, mas creio que ele estava tentando tratar de um problema de família.
D: *Isso seria natural se fossem irmãos, vir vê-lo de tempos em tempos. Estou muito interessada nesse homem. Ele me parece ser muito incomum.*

A: Bem, eu sei... eu sei que fui procurá-lo outro dia e lhe disse que queria andar com ele. (Novamente triste) E ele me disse que como eu era uma menina, isso seria muito difícil. As pessoas não iriam entender. E eu lhe disse que podia cortar os cabelos e usar roupas de homem e elas não saberiam. E ele disse que eu iria andar com ele, mas ainda não era a hora. E não tenho vontade de fazer mais nada. Não sou a criancinha da minha mãe. Não fui feita para fazer as coisas que ela faz. Estou apenas no corpo desta mulher.

D: *Talvez ele quisesse dizer que você precisaria esperar um pouco. Se ele disse que ainda não era hora, ele não disse não, certo? Talvez ele deixe você ir com ele depois.*

A: Espero que sim. Mas posso ser útil e tentar me lembrar daquilo que ouvi ele dizer. E ajudar minha mãe com essas crianças que precisam de atenção.

D: *Você disse que certa vez ficou bisbilhotando e ouviu-o falar. Foi a única vez?*

A: Bem, não tenho tido muitas oportunidades, pois não gosto de desonrar meus pais. Mas fui atraída por minhas vozes para ir ouvi-lo. Então, foram algumas vezes. Eu o ouvia em nossa área da cidade, onde as reuniões se realizavam, ou entreouvia as pessoas falando com meu pai. Elas aconteciam em diversos lugares. As pessoas tinham áreas secretas em suas casas ou espaços subterrâneos na área da cidade. Ele fazia uma reunião e ensinava um modo de vida correto e que deveria ser para todos.

Durante escavações, os arqueólogos descobriram que a área sob Jerusalém está repleta de passagens secretas e câmaras subterrâneas datadas até antes da época de Cristo. Algumas casas tinham entradas secretas que levavam a salas de reunião subterrâneas.

D: *Você consegue se lembrar de algumas coisas que ele disse?*

A: Bem, quando penso nisso, posso ver o brilho da luz dourada em torno da área de seu coração. E me lembro da maior parte daquilo que ele disse, simplesmente para nos amarmos e cuidarmos uns dos outros, tal como eles faziam com você. Creio que é disso que me lembro mais. Sua sabedoria é forte, mas não é brutal. Ele está nos dizendo que não precisamos causar dor ao outro para nos entendermos.

D: *Por que ele precisa fazer reuniões em lugares secretos?*

77

A: Porque há um grupo de governantes que está começando a achar que ele pode exercer mais influência sobre as pessoas do que eles pensavam. Não acho que acreditassem nele ou levassem-no a sério no começo. E acho que agora estão preocupados porque os pobres e indefesos, aqueles que têm fé e acreditam, estão se voltando cada vez mais para ele. Está mudando o sentimento dos governantes. Eles estão ficando mais severos. Estão ficando com medo do poder da verdade. São um bando de perdulários. Eles tomam e tomam e têm salas cheias de riquezas e não ligam para aquilo que acontece com os doentes e com os pobres. Por isso, as reuniões são feitas em segredo.

D: *Fico imaginando porque teriam medo de uma única pessoa.*

A: No começo, não tinham. Mas acho que alguns membros dos órgãos de governo ouviram-no falar. Sabem que ele fala uma verdade que sentem neles mesmos. E eles estão divididos, porque não podem sentir essa ligação com outra corrente. Por isso, receio que esteja sendo criado um grande conflito.

Nessa época, Israel sofria o pesado jugo da ocupação romana. Muitas de suas liberdades lhes haviam sido retiradas e eles estavam sendo excessivamente tributados, a ponto de muitos dos judeus se sentirem como escravos em seu próprio país. Estavam procurando um redentor, um Messias, um salvador, para livrá-los daquela situação. Eles queriam retornar desesperadamente ao estilo de vida de que desfrutavam antes da ocupação romana. Mas também havia muito medo, pois o exército romano era forte.

Muitos grupos secretos estavam se formando e defendendo a derrubada do governo mediante a violência. Dentre esses, um dos mais notáveis foi o grupo dos zelotes, dos quais Judas Iscariotes foi identificado como membro. Eles queriam a guerra e estavam procurando um líder forte o suficiente para organizar seu movimento. Muitos desses grupos, alguns violentos, outros pacíficos, achavam que tinham encontrado esse líder em Jesus, pois ele estava falando de coisas que eles nunca tinham ouvido falar antes.

Os sacerdotes não gostavam dele porque ele pregava uma filosofia diferente daquela que eles ensinavam. Por isso, ele era observado atentamente pelos dois grupos. Os romanos eram particularmente diligentes porque viam que ele estava conquistando seguidores, e sabiam que a inquietação civil precisava apenas de um líder forte para organizar uma revolta. A grande dispersão dos judeus transformou Jerusalém num centro de considerável magnitude no Império Romano. O que acontecesse lá repercutiria no cenário mundial. Por isso, qualquer ação de um subversivo com Jesus era cuidadosamente observada e relatada a Roma.

D: *Você disse que ele tem um grupo de pessoas que o segue na maioria dos lugares. Você conhece alguma pessoa desse grupo?*

A: Já vi alguns homens. Na verdade, eles não se reúnem muito em público. Mas parecem ser homens de sua idade. Parece haver um vínculo, uma participação. Eles acreditam nas mesmas coisas e trabalham para o bem de todos. Mas há um punhado que sempre vejo perto dele.

D: *Estava curiosa para saber se você conhece seus nomes. Você sabe que não vou contar para ninguém, estou só curiosa.*

A: (Pausa) Parece que há um homem chamado João (dito como pergunta). E este homem... já vi João muitas vezes. Mas os outros homens, crio que não me lembro de seus nomes.

D: *Achei que talvez você tivesse ouvido ele ou seu pai chamando-o pelo nome. Qual a aparência de João? Você disse que tinham mais ou menos a mesma idade?*

A: Sim. Ele parece similar, mas tem os olhos escuros de muitas das pessoas desta região. E ele não parece ser tão gentil. Ele também é um pouco mais áspero.

D: *Há pouco, você disse alguma coisa sobre suas "vozes", que teriam lhe dito para fazer alguma coisa. O que você quis dizer?*

A: Bem, não gosto de desonrar meus pais e nem de ir contra a vontade deles, mas às vezes eu ouço coisas. As vozes que entram na minha cabeça me dizem que essas coisas estão corretas, pois você as faz pelos motivos certos. Você não faz isso com desonra. Você faz isso porque está respeitando sua fé, seu Deus. As vozes são tão fortes que sei que não há problema em me disfarçar e sair escondida de casa.

D: *E é isso que você quer dizer. Você as escuta na sua cabeça? Você tem uma religião específica? Entende o que quero dizer?*

A: As meninas não aprendem muita coisa, pelo menos não na minha família. Mas somos da crença judaica. Acho que o Nazareno também é desta crença. Mas ele está seguindo um caminho diferente, pois há pouca bondade nas Leis. Acho que é por isso que há famílias se dividindo. Hoje em dia, as pessoas estão tendo dificuldade para conhecer ou compreender suas próprias crenças.

Isso era parte do conflito entre Jesus e os sacerdotes do Templo. Ele não concordava com a interpretação que davam à Lei, as regras mosaicas estabelecidas que os judeus deviam seguir. Ele achava que eram injustas e interpretadas de forma muito estrita. Em *Jesus e os Essênios*, ficou óbvio que ele encontrou outros significados quando estudou as Leis. Seus comentários francos causaram atrito e por isso ele se afastou do Templo, decidido a contar reservadamente suas versões da religião às pessoas. Com o aumento de sua popularidade, o mesmo aconteceu com a oposição dos sacerdotes, que achavam que ele estava tentando solapar sua autoridade.

D: *A sua família frequenta algum lugar de culto?*
A: Sim. Eles vão ao Templo.
D: *Você já esteve no Templo?*
A: Sim. Mas as mulheres vão por outro caminho e ficam sentadas num lugar diferente dos homens. E eu não (suspiro)... me sinto muito querida ali. Sinto-me mais próxima de Deus noutros lugares.
D: *Pode me dizer como é a parte externa do Templo? É um prédio grande ou pequeno?*

Eu queria saber se a descrição do Templo feita por Naomi coincidia com a de Abigail.

A: Este... creio que há muitos por aqui.
D: *Em Jerusalém?*
A: Sim. Este não é o maior. Este é de pedra, tem estrutura de pedra.
D: *Há outro maior na cidade?*
A: Há um maior.
D: *Você já viu esse prédio?*
A: Já vi. É muito grande. Ele me assusta. Faz com que eu fique com frio. (Rindo) Gosto do nosso, que é menor.
D: *Por quê? Por que é muito grande?*
A: Sim, acho-o grande demais.
D: *Bem, e qual a aparência externa desse?*

A: Oh. Ele tem muitas dessas pedras claras. E vejo portas grandes e alguns pilares do lado de fora. Tem... o teto interno é muito alto.

D: *Tem muitos pilares do lado de fora?*

A: Na frente, parece que há... há oito na frente.

D: *Ele tem pilares noutros lugares ou só na frente?*

A: Dentro, vejo alguns dentro.

D: *Tem degraus que levam até as portas?*

A: Sim. São degraus largos... largos, de pedra.

A descrição de Naomi coincide muito bem com a versão de Abigail e com a pesquisa histórica.

D: *Mas você disse que não gosta de ir lá porque...*

A: (Interrompendo) É grande demais. Sinto-me solitária.

D: *Sim, às vezes as coisas podem ser grandes demais e isso nos afasta daquilo que estão tentando lhe ensinar. Mas é verdade que as mulheres não têm aulas?*

A: Não têm. Não onde cresci. Eles não ensinam as mulheres. Os homens recebem educação. O rabino ensina os homens, mas não ensina as mulheres. Isso parece ser uma tradição atualmente. Não estou satisfeita com isso.

D: *Parece estranho que não queiram ensinar você, pois você quer aprender.*

A: Eu aprendi. Aprendi mesmo. Ouvi e aprendi. E tenho amigos que me ensinaram.

D: *Bem, e nesse grupo que acompanha o Nazareno, há mulheres no grupo ou apenas homens?*

A: Vejo mulheres. Mas não sei se elas estão o tempo todo no grupo ou se estão lá porque são esposas e irmãs. Mas nessa viagem ele parece estar indo com os homens.

D: *Estava pensando que se houvesse outras mulheres no grupo, talvez permitissem que você fosse mais tarde.*

A: Talvez. Há um Jeremias. Jeremias me vem à mente. Não sei bem porquê. Creio que ele é um dos homens que o acompanha.

D: *Jeremias tem a mesma idade que os outros?*

A: Não. Ele parece ser um pouco mais novo.

D: *Esse país onde você vive tem um governante? Há pouco você estava falando em governantes.*

81

A: Eles o chamam de rei. Rei? Creio que o chamam de rei, e ele deve ter um corpo diretivo.

D: *Você já os ouviu falar do rei?*

A: Meu pai já. Eles o consideram um rei injusto. Eles... é como eu lhe disse, eles têm quartos e mais quartos, depósitos com riquezas, e há muita gente pobre por aí.

D: *Você já ouviu falar de alguma coisa que ele fez? Seu pai chegou a comentar alguma coisa específica?*

A: Bem, ele... eles falam de pessoas que chamam de "escravos". Falam de punições cruéis. Falam de pessoas que são levadas e nunca mais se ouve falar delas. E não há nenhuma razão para isso.

D: *Eles acham que o rei é responsável por essas coisas?*

A: Sim. E eu não entendo isso muito bem. Não conheço tudo que poderia conhecer. Eles não me contam essas coisas. Sabe, minha mãe é uma mulher muito boa e reservada. Ela é apenas o que deveria ser. Por isso, ela não comenta nada sobre isso e nem emite opinião em voz alta.

D: *Talvez seja isso que esperam dela. Você mora numa casa grande?*

A: Não, ela é pequena. Meu pai tem seu espaço de trabalho e junto a ele fica nosso espaço de moradia. Do lado de fora, temos um forno para cozinhar. É pequena, mas é boa. É confortável.

D: *Qual é sua aparência interna? A área de convivência?*

A: Tem uma sala pela qual se entra. É nela que fazemos refeições. Temos uma mesa e mobília. Depois, temos outro quarto pequeno, que é onde meus pais dormem. E temos uma pequena dispensa com porta. E eu tenho uma pequena área de alcova que é o meu espaço.

D: *Qual a aparência do seu quarto? Onde você dorme?*

A: Durmo sobre palha trançada para lhe dar forma e volume. Ela fica sobre uma plataforma de madeira. Depois, ela é coberta com panos e peles.

D: *É confortável?*

A: Sim. É bem confortável.

D: *Isso é tudo que você tem no seu pequeno espaço?*

A: Tenho isso e uma vela. E tenho pequenos itens pessoais, mas é tudo. E minhas roupas estão dobradas num canto.

D: *Que alimentos vocês comem?*

A: Comemos grãos e frutas. E peixe também. Há aquilo que chamam de "tâmaras" e outras frutas macias que crescem em arbustos.

D: *Vocês comem alguma carne além de peixe?*
A: Raramente. De vez em quando, comemos cordeiro. Não sei... bife?
Bife? (como se fosse uma palavra desconhecida)
D: *O que é isso?*
A: Bife é raro. Comemos muito pouco.
D: *Vocês comem verduras? Sabe do que estou falando?*
A: Sim. Temos verduras como... moranga e... verduras verdes.
D: *Bem, parece que vocês comem coisas variadas. O que vocês bebem?*
A: Bebo leite de cabra e água. E tem uma bebida diferente para o meu pai.
D: *O que é?*
A: Acho que ele bebe cerveja. Mas não sei exatamente o que é. E eles também têm vinho. Assamos pães no forno externo.
D: *Então, vocês não passam fome. Isso é muito bom. Você concorda se eu voltar para conversar com você outra hora?*
A: Sim, eu gostaria. Você fez com que eu me sentisse melhor (suspiro de alívio).
D: *Então, está certo. E você sempre pode falar comigo quando eu vier e me dizer o que a incomoda, pois não vou contar para ninguém. É sempre bom termos uma amiga para conversar.*

Quando eu trouxe Anna de volta à sua consciência plena, fiquei curiosa para saber como ela iria reagir quando eu lhe dissesse o que ela havia acabado de me contar. Ela teve lembranças vagas da sessão. Deixei o gravador ligado enquanto ela me falava disso.

D: *Você disse que tinham nomes diferentes para a comida? E você ouvia outras línguas? É isso que você está dizendo?*
A: Sim. É difícil explicar. Quando você disse "verduras" ou "frutas", eu conseguia visualizá-las, mas não conseguia dar-lhes nome. Havia ainda algumas coisas que nunca vi nesta vida. Por isso, acho que às vezes, quando você me faz perguntas, estou tentando filtrar as respostas através daquilo que está acontecendo ao meu redor.
D: *Você ouvia outras línguas? Eram vozes ao fundo, ou o quê?*
A: Às vezes. Mas eu não compreendia as palavras.
D: *Essas poucas coisas são tudo de que você se lembra?*
A: Lembro-me da casa. E acho que me lembro... (riso) lembro de dizer "o Nazareno".

D: *Aparentemente, seria uma referência a Jesus. Você sabe muita coisa sobre ele?*

A: Como sou judia, nunca cheguei a pensar muito sobre Jesus no passado. Na verdade, nunca. Ele sequer consta dos meus registros. Na família em que fui criada, eu perguntava sobre Jesus à minha mãe e a meu pai e eles fingiam que não ouviam. Os judeus que eu conheci quando cresci agiam como se ele não existisse. Por isso, só quando eu estava com meus trinta e poucos anos é que comecei a lidar com esse assunto. Sempre achei que havia um conflito. Não conseguia entender porque não falavam sobre ele. Contudo, pelo pouco que lia a seu respeito, ele parecia ser um bom professor. Foi por isso que nunca tive uma referência sobre ele.

D: *Então, você não tem motivo para... por exemplo, um cristão poderia dizer, "Puxa, eu gostaria de ter vivido na época de Jesus". Você não teria motivo para pensar nisso.*

A: Não, porque sequer falávamos dele. No que concerne a minha família e as pessoas que eu conhecia, ele nem existia.

D: *Se eu lhe dissesse que você conheceu Cristo naquela vida, o que você diria?*

A: Eu diria... (riso) acho que nem consigo responder isso (riso).

D: *E o que você diria se eu lhe dissesse que ele era seu tio?*

A: (Expressão de espanto) Eu não sabia que Jesus era... eu só... estou confusa. Para mim, isso é quase cômico. Isto é absurdo. Sou judia. Saber que uma história dessas veio de mim é a pior escolha possível.

D: *Noutras palavras, é difícil acreditar nisso.*

A: Bem, neste momento, estou pouco à vontade. Desde pequena, por causa dos meus pais... ninguém me falava nada sobre Jesus.

D: *Mas eles reduziram sua importância?*

A: Não, na verdade meus pais nem saberiam falar sobre ele. Eles sempre tinham respostas prontas. Não havia muita comunicação. Quando criança, aprendi apenas o que perguntar e o que não perguntar. Aprendi, ainda muito cedo, que havia certas coisas de que não se devia falar. E eles diziam apenas, "Há os judeus e há os que não são judeus. Nós acreditamos em Deus". Eles costumavam dizer, "Eles têm Jesus. Para nós, Moisés, que nos deu os Dez Mandamentos, era como que nosso Jesus". Eram coisas assim que meus pais me diziam. Agora, estou tentando me lembrar da minha infância. Quando eu era pequena, quase não suportava a ida ao Templo e à Escola Dominical. Achava tudo aquilo um monte de tolices. Menina ainda, quando estava aprendendo a história judaica, fiquei atônita com a crueldade dos judeus. Para mim, estava claro que eles tinham muito controle sobre suas vidas e que o Templo era cruel. Desde a infância, tenho esses sentimentos sobre o judaísmo. Mas ouvia todas as outras crianças falando de Jesus. E cresci sempre ofendida por ele. Fiquei espantada por terem criado toda uma religião em torno desse homem, e por isso nunca senti nada de bom em relação a Jesus. Isso sempre me ofendeu muito. Então, quando fiquei mais velha e comecei a questionar tudo isso, a coisa piorou. Eu sequer entendia quem ou o que ele era. Achava estranho demais entender que as pessoas pudessem ter formado uma religião ao redor de um homem. Imagina-se que a religião deve ser sobre Deus. Só quando nos mudamos para cá é que comecei a ouvir o que algumas pessoas tinham a dizer. E, subitamente, as coisas ficaram claras para mim. Tudo isso aconteceu nos últimos cinco anos. Portanto, foi como se eu tivesse de me afastar e vir para este tipo de ambiente para que as coisas ficassem claras da maneira correta. Digamos, "Esta é a verdade, isto é o que eu precisava saber". Talvez seja por isso que eu nunca conseguia aceitar o que eu ouvia, porque ele era um ser humano. Mas também porque... talvez uma parte de mim, em meu íntimo, queira acreditar. Especialmente porque nestes últimos seis meses, por alguma razão, tenho tido sentimentos muito fortes e não sei de onde eles estão saindo. Eu sabia que havia alguma coisa importante para eu conferir naquela região do mundo, e essa regressão foi a maneira para encontrar a resposta.

D: *Mas isso não seria uma coisa que você iria querer inventar se quisesse fantasiar uma vida passada.*

A: Seria a última coisa em que eu iria pensar.

Esta me pareceu uma revelação notável, e, com certeza, fez-me querer seguir em frente para obter a visão dela da vida de Cristo, pois ela teve contato com ele. O fato de ela ser judia deu muita validade a essa história. Perguntei-lhe se ela chegou a ler sobre Jesus na Bíblia. Ela disse que tinha apenas a parte do Antigo Testamento e que mesmo este não lhe era familiar. Não era uma leitura obrigatória em sua religião. Quando ela tentou lê-lo por conta própria, disse que era difícil

85

demais, muito cansativo. Por isso, pedi-lhe que não lesse o Novo Testamento. Ela respondeu que não havia muitas chances disso acontecer, pois ela sequer possuía um exemplar dele. No que lhe dizia respeito, ela não conhecia absolutamente nada sobre sua vida e sobre os eventos tão comuns para os cristãos, nem mesmo sobre as histórias que nos são repetidas desde a infância. Para ela, tudo isso era um território desconhecido, e ela não tinha nada a respeito em seu subconsciente de que pudesse se valer. Ela também não tinha razão consciente ou inconsciente para fantasiar. Essa ideia toda parecia absurda para ela. Seria a oportunidade perfeita para se obter uma história que resistiria às críticas dos céticos.

A ideia de José ter um filho mais velho me incomodou, e fiquei imaginando como as pessoas reagiriam a isso. Entretanto, eu sabia que José era bem mais velho do que Maria. Isso ficara determinado em *Jesus e os Essênios*. O que teria acontecido quando ele era mais jovem? Talvez ele fosse mais humano do que a Igreja nos levara a acreditar. Talvez ele tivesse tido fraquezas comuns a todos nós. Fossem quais fossem as manchas na árvore genealógica de Jesus, aparentemente elas não o incomodaram. Ele manteve a amizade com seu meio-irmão mais velho durante anos. Fiquei curiosa para imaginar outros detalhes desconhecidos que iríamos descobrir quando continuássemos com a história de Naomi.

Capítulo Seis

A Partida

EU QUERIA EXPLORAR MELHOR a vida em Jerusalém para descobrir qual o grau do relacionamento entre Naomi, o alter ego de Anna, e Jesus, e quanta informação ela seria capaz de me dar. Usei sua senha e levei Anna de volta até a época em que Naomi vivia em Jerusalém.

D: *Quero que você vá a um dia importante de sua vida quando Naomi morava em Jerusalém e me diga o que está acontecendo. Vou contar até três e estaremos lá. 1... 2... 3... é um dia importante de sua vida. O que está acontecendo? O que você está vendo?*

A: Vejo a mesma cena pela qual passei antes. E agora sei o que preciso fazer na minha vida. Não quero que meus pais achem que fui desobediente, mas sei que o meu destino é caminhar com ele e ensinar. E estou disposta a usar trajes de homens e me disfarçar, pois não estou destinada a fazer coisas como a minha mãe e nem a ser obediente como ela era. A única coisa que vejo para mim nesta vida é ensinar as palavras dele e seu modo de viver.

D: *Qual a sua idade nesta época?*

A: Acho que estou com treze anos. Envelheci um ano, mais ou menos, porque nesse ano eu tentei, tentei mesmo, ser uma boa filha e fazer o que queriam. Mas isso não está no meu coração. Eu os amo, mas minha vida não merece ser vivida se eu tiver de ficar aqui, casar-me e ter esse tipo de vida.

D: *Como as outras meninas teriam de fazer? Você discutiu isto com sua mãe e seu pai?*

A: Meu pai não é muito paciente e disse que isso era tolice. Parei de falar. E minha mãe compreende, mas disse que "não é a vida para uma mulher". Por isso, fiquei quieta e só rezei. Tenho conversado com o Nazareno quando ele vem aqui, mas não há muitas outras opções.

D: *Seu pai também acha que aquilo que o irmão dele faz é tolice?*
A: Nem um pouco. Ele acredita em todas as suas palavras e naquilo que ele está tentando fazer. Ele só não está acostumado a ver uma mulher ou uma menina seguindo essas pegadas. Se eu fosse um garoto, acho que não teria problemas. Talvez temessem por minha segurança, mas me deixariam ir com seu amor e suas bênçãos.
D: *Eles estão apenas tentando protegê-la. Eles têm seu bem-estar no coração, mesmo que não seja aquilo que você realmente queira fazer. Estão pensando no que é melhor para você.*
A: Eu sei disso. E eu tentei, faz quase um ano que tenho tentado. Fiz as coisas que queriam. Ajudei minha mãe com as crianças. Mas não posso mais fazer isso. Sinto-me mais velha do que sou. Sinto que, para mim, é tolice me casar. Não tenho motivo para me casar. As únicas coisas que amo são as verdades que quero ajudar a divulgar para as pessoas. E eu amo... acho que se chegar a amar um homem, seria o Nazareno. Mas sei que isto não será possível. Então, essa parte de mim precisa aprender a amar de um modo diferente do modo como uma mulher amaria.
D: *Mas isso não contraria a tradição no que diz respeito a aquilo que uma mulher deveria fazer na sua época? Talvez seja isso que esteja incomodando os seus pais.*
A: Mas eu sei que estou destinada a ser uma professora e conselheira. E tudo isso está no meu coração. Sei que é a única coisa certa que tenho a fazer. Espero apenas que estejam dispostos a compreender e a perceber que não havia escolha. Que só há um caminho.
D: *Você já pensou que quando sair, talvez seja mais difícil do que você pensa?*
A: Não tenho medo disso. Não tenho medo da morte ou de dificuldades. Acho que as coisas são muito simples. Acho que há muito poucas razões para eu estar viva. E não há nada em mim que seja capaz de ser aquilo que meus pais pensam que eu deveria ser. Mesmo que seja de coração e visem meu próprio bem-estar.
D: *Você disse que conversou sobre isso com o Nazareno. O que ele acha disso?*
A: Há um ano, quando falei com ele, ele colocou as mãos no meu rosto e disse que eu era uma menina e que eu não poderia andar com ele. Mas que eu andaria com ele noutra ocasião.
D: *Sim, eu me lembro disso.*

A: E também sei que ele estava simplesmente falando para que meus pais o ouvissem. Mas eu olhei nos olhos dele e ele sabia. Ele estava fazendo aquilo por amor e para minha proteção. E eu lhe disse que podia usar roupas de homem e cortar o cabelo e ninguém iria perceber. Sei que ele não vai recusar. Ele sabe que parei de falar sobre certas coisas, que fiquei quieta. E ele sabe a razão, embora eu ainda não lhe tenha dito. Ele sabe que vou andar com ele e ele vai me aceitar, pois sabe que isso vem do meu coração e de Deus.

D: *Ele pode ter pensado que você iria mudar de ideia porque você é uma criança.*

A: Mas nesse ano que passou, ele viu que tentei ser uma filha obediente, fazendo o que meus pais queriam. Ele sabe que fiz o melhor que podia, que tentei. Mas para mim seria errado casar e ter filhos, pois isso aconteceria sem amor sincero no coração. Não posso formar um lar feliz com aquilo que tenho no meu coração.

D: *Você estaria fazendo isso mais por obrigação do que por qualquer outra coisa. E ele provavelmente pensaria que você iria mudar de ideia. Na sua idade, geralmente as pessoas não sabem o que querem. Bem, e o que você vai fazer?*

A: Estou esperando para saber quando ele vai partir novamente. (Com firmeza) E então eu irei.

D: *Nesse momento, ele está aí em Jerusalém?*

A: Ele está sendo esperado nos próximos dias.

D: *Sabe por onde ele tem andado?*

A: Acho que ele estava na casa de sua família. Parece que houve algum problema lá. Mas ele continua a passar seus ensinamentos, a fazer reuniões e a viajar pelas cidades.

D: *Com seu grupo de pessoas?*

A: Um pequeno grupo.

D: *Onde a família dele mora? Você sabe qual é a cidade?*

A: Fica longe... É na região de Nazaré, mas, de onde estou, acho que são alguns dias de caminhada. Nunca fui lá.

D: *Mas a casa dele não fica exatamente em Nazaré. Você sabe quais membros de sua família vivem lá?*

A: O irmão deles... Creio que o irmão deles mora lá. E tem havido algumas dificuldades. Não sei muito bem o que é. Eles não falam muito na minha frente ou quando sabem que estou perto.

D: Bem, como você estava falando de família, fiquei curiosa para saber se ele chegou a se casar. *(Esta foi uma pergunta capciosa.)*

A: Ah, não, ele nunca se casará. Ele está casado com Deus e com suas crenças. E ele acha que essa é a razão para que esteja vivo. Ele não poderia ser tão fiel ou tão dedicado a uma mulher e uma família.

D: *Então, quem mora na casa da família são seus irmãos, principalmente?*

A: Sim. É a casa dos pais dele. Ele tem irmãos naquela região.

D: *Fiquei surpresa por saber que ele estava tendo problemas com a família. Achava que as coisas iam bem.*

Estava tentando descobrir o que estava acontecendo sem ser intrometida ou óbvia.

A: Acho que seus irmãos tem algum problema.

D: *Você disse antes que seu pai não via os pais dele com muita frequência. Acha que isso também se deve a algum problema familiar?*

A: Acho, pelo que ouvi ele dizer, que o pai dele teve problemas para reconhecê-lo. Pois a mulher que ele chama de mãe... não ficou com o pai dele.

D: *Antes você disse que ele e o Nazareno eram meio-irmãos.*

A: Não sei se posso explicar isso. Creio que a mãe dele não pôde se casar com o pai dele. E houve um problema. E sei que ela ficou doente. Acho que não conheço a história toda.

D: *Noutras palavras, você acha que o Nazareno e o seu pai não tiveram a mesma mãe? Você sabe quem é mais velho, seu pai ou o Nazareno?*

A: Meu pai é mais velho do que o Nazareno.

D: *E é esta uma razão para ele não manter contato com a família?*

A: Sim. Acho que há mágoa, muita mágoa, confusão e vergonha. Mas isso aconteceu há muito tempo.

D: *Parece que isso não incomodou muito o Nazareno, não é?*

A: Acho que ele conhece a verdade toda. Meu pai e ele trabalharam juntos, e suas crenças são similares.

D: *Estava curiosa porque dá a impressão de que eles estão com segredos. Você acha que o problema são os outros irmãos? Você disse que eles também estavam com problemas de família, ou acha que seria alguma outra coisa?*

A: Sim. Creio que há ciúmes nisso, um problema assim.

D: *Algum dia, você poderá conhecer a história toda e vai poder me contar. Entendo porque não querem conversar sobre isso na sua frente. Acho que não querem que as crianças conheçam os problemas da família. Bem, no seu país, é costume dar ao filho mais velho o mesmo nome que o pai?*

A: Creio que o costume é chamar os filhos em memória de alguém, para que possam viver através deles.

D: *Você disse que seu pai tem o nome do pai dele.*

A: Certo. E acho que minha avó chamou-o de José simplesmente para manter vivos o amor e a lembrança do pai, pois ela sabia que não poderia estar com ele.

D: *Mas ele se casou com a mãe de Jesus e dos outros filhos?*

A: Sim. Não sei ao certo se uma doença que ela teve estaria relacionada com isso.

D: *Mas você disse que não via seus avós. Seria porque moram longe ou por causa desse problema com o nascimento dele?*

A: Disseram-me que moravam longe, mas tenho certeza de que meu pai faz parte do problema.

D: *Só estou fazendo essas perguntas porque sou curiosa. Se você for com o Nazareno, o que espera fazer? Sabe quais seriam seus deveres?*

A: Vou continuar a aprender. Espero poder ajudá-lo da maneira que ele desejar. Não tenho medo de ficar perto de doentes, de pobres ou de pessoas desesperadas. Quero poder dar de mim e aprender o que ele faz para ajudar e curar. E viver pelas leis de Deus.

D: *Você acha que ele pode lhe ensinar essas coisas?*

A: Acho que sim.

D: *Ele sabe curar as pessoas? Você já o viu fazer algo assim?*

A: Sim. Uma vez, eu vi – nem deveria estar lá. Ele foi a uma reunião na nossa aldeia, à noite. Lembro-me que saí de casa e fiquei escondida. Havia uma criança... a mãe levou seu filho, que estava doente. Não sei ao certo o que havia de errado com essa criança, mas vi quando ele o segurou. Ele deitou a criança em seu colo e colocou as mãos sobre ela. E a criança parou de chorar. A febre baixou e a criança ficou curada (tudo isso foi dito quase que em reverência).

91

D: *Você sabe como ele conseguiu fazer isso?*

A: Não sei. Acho... ele conhece maneiras de praticar as leis de Deus. E por meio do amor e da atenção, ele consegue fazer a diferença, se é isso que precisa ser feito.

D: *Essa não é a forma habitual de curar doenças na sua época, é?*

A: Não. Temos médicos e geralmente eles atendem os doentes. Mas sei que aquilo que vi naquela noite foi um milagre. Não sei qual era o problema daquela criança. Mas ela estava chorando, estava muito vermelha e suada e estava com muita dor. E ela passou desse estado para a calma e uma cor normal. Espero aprender a ajudar dessa maneira.

D: *Seria maravilhoso se você pudesse aprender a fazer essas coisas. Você já ouviu alguém falar que ele curou pessoas de outras maneiras?*

A: Já ouvi dizer que ele curou um aleijado. Ouço conversas, mas não tenho certeza. Terei de esperar e perguntar para ele.

D: *Que conversas?*

A: Ah, que ele consegue fazer as pessoas enxergar, cura os membros para que a pessoa possa tornar a andar ou a usá-los novamente.

D: *Mas você não sabe se isso é verdade?*

A: Espero que seja verdade. Eu sei o que eu vi. Mas algumas coisas, não importa o quanto você acredita em Deus... é realmente difícil acreditar que um homem possa fazer aquilo.

D: *Sim, um mortal. Se ele consegue fazer essas coisas, ele deve ser uma pessoa realmente maravilhosa.*

A: Ele é... diferente. Sabe, quando você o vê ou conversa com ele, ou quando ele a toca, é diferente de qualquer pessoa que você já conheceu. E é por isso que ele nunca poderia... estar com outra pessoa. Pois é essa a vida que ele quer ter, é essa. E sei, pelo amor e por aquilo que ouvi de minhas preces e vozes e de Deus, que é este o caminho que eu deveria viver. Eu devo viver solteira e dedicar-me a essas coisas em que acredito.

D: *Se é nisso que você realmente acredita, suponho que está certo fazer aquilo que deseja.*

A: E não me sinto como uma criança.

D: *Você ouviu histórias sobre outras coisas que ele fez e que não eram normais?*

A: Bem... ouvi dizer que ele saiu e foi educado de modo diferente das pessoas em nossas escolas ou em nossos templos. Ele aprendeu

92

coisas com homens sábios de países distantes. Creio que provavelmente eles lhe ensinaram muita coisa sobre cura e que, se o seu coração é puro e está alinhado com Deus, você é capaz de mudar os seres físicos e a si mesmo. Acho que isto é parte do problema que tenho em caso. Acho que pode haver algumas questões em aberto na família dele. Mas...

D: *Questões de que tipo?*

A: Sobre as coisas que ele pode fazer. Coisas que aprendeu.

D: *Eles acham que isso o torna diferente? É disto que você está falando?*

A: Sim. E não sei se eles acreditam.

D: *Bem, você sabe que há muitas outras maneiras de nos educarmos além das escolas. Talvez tenham podido ensinar-lhe muitas coisas maravilhosas noutras terras. Mas não permitiram que os outros irmãos fizessem isso?*

A: Não, acho que nem desejavam isso. Acho que a maioria deles quer viver suas vidas básicas, como a maioria dos cidadãos.

D: *Então, não sentiriam ciúmes pois não queriam ter uma vida assim.*

A: Não. Mas acho que pode ter gente na aldeia com perguntas, e isso dificulta suas vidas. Ou talvez sintam vergonha.

D: *Sim, é possível. Talvez seja esse o problema. Pois imagino que essas pessoas o conheçam desde que ele era um menino.*

A: Sim. E quem mais seria capaz de fazer essas coisas?

D: *Você acha que eles podem estar pensando que ele é falso ou que faz algum tipo de mágica?*

A: Creio que alguns pensam isso, sim.

D: *Acham que ele pode estar tentando enganar as pessoas. Entendo que isso seria um problema, pois são coisas difíceis de se acreditar.*

A: (Suspiro) Bem, agora eu o estou vendo.

D: *Ele está chegando?*

A: Eu o vejo... eu o vejo na minha mente agora, e ele está vindo pela estrada. E vejo esta... energia em torno de sua cabeça, uma coroa reluzente ao redor de sua cabeça.

D: *Você já chegou a ver isso quando ele estava com você ou só está vendo em sua mente agora?*

A: Nunca tinha visto isso antes.

D: *Na sua opinião, o que significa?*

93

A: Acho que significa "verdade". Creio que isso significa ser firme e ter fé. E que não há mal em andar com ele.

D: *Ele parece ser uma pessoa realmente maravilhosa. Mas você chegou a ouvir histórias sobre alguma outra coisa fora do comum que ele fez, além das curas?*

A: Ouvi... sim, lembro-me de ter ouvido meus pais conversando. Havia mais alguém na casa. Creio que pensaram que eu estava dormindo. E disseram que havia uma região que estava sofrendo porque não chovia e as pessoas estavam duvidando dele... e ele criou chuva. Ouvi-os falar sobre isso. (Em voz baixa, encantada) Tinha me esquecido disso. Isso acontece aqui às vezes. Em alguns anos, temos muito pouca água.

D: *Bem, isso também seria uma forma de milagre, não?*

A: Sim. Mas o principal que ele quer ensinar são as leis divinas de vida, e como amar o próximo de verdade. Que você pode viver em paz, sem medo e ciúmes. E que viver com bondade e amor é a verdadeira natureza do homem.

D: *Mas às vezes é difícil ensinar essas coisas para outras pessoas. Parecem muito simples, mas algumas pessoas não querem escutar.*

A: Eu sei. É por isso que ele tem travado discussões no Templo. Porque ele percebeu que muitos deles são cruéis e sem amor. É por isso que ele adotou suas caminhadas para divulgar as leis de Deus, e o modo como homens e mulheres devem viver.

D: *Esses problemas que ele teve com o Templo aconteceram antes de ele começar a sair para divulgar a palavra?*

A: Sim. Foi isso que o fez sair.

D: *Você sabe o que aconteceu?*

A: Foi mais de uma coisa. Foi também o fato de eles não quererem fazer muito para ajudar as pessoas necessitadas, os pobres e aqueles que sofrem. Foi o fato de terem pouca compreensão e piedade no que diz respeito aos problemas das pessoas e de julgar os outros. Foram várias coisas.

D: *Você quer dizer que eles julgavam muito os outros?*

A: Julgavam muito e eram severos. E sem motivo.

D: *Quem fazia isso, os sacerdotes ou os rabinos?*

A: Os rabinos. Só havia um caminho para tudo. E na maioria dos casos, eles eram injustos e rudes. Os rabinos permitiram às vezes que sua posição e seu poder distorcessem suas decisões. Eram aqueles que as pessoas procuram para resolver conflitos e problemas. E eles achavam que se tornaram Deus, em vez de ouvirem Deus e de tentarem ser justos.

D: *Às vezes, o poder faz isso com as pessoas.*

A: Sim. E por isso, em vez de tentarem ser úteis e de ajudarem a resolver problemas, às vezes tendem a criar mais problemas.

D: *Então, estão tentando seguir a Lei ao pé da letra, sem qualquer piedade ou interpretação? Isso deixou Jesus zangado?*

A: Isso o deixou muito desapontado. Ele percebeu que aquilo que estava ouvindo no Templo ou através dos rabinos não era o que ele achava que Deus queria. Ele não sentiu que estivessem vivenciando os Mandamentos. Ele questionava aquilo que diziam e perguntava porque não poderia ser assim ou assado. E eles não estavam acostumados a serem questionados.

D: *Estavam acostumados a fazer com que sua palavra fosse a lei.*

A: Certo. E ele dava uma solução que resolvia muito bem o problema, mostrando justiça, mercê e equidade. E havia meios para que os malfeitores se emendassem. Ele aparecia com soluções e questionava as deles, o que criou muitos problemas. Acho que isso irritou os rabinos porque as soluções do Nazareno eram mais claras e justas. Mas Jesus não conseguiu lidar com a hipocrisia e a crueldade, porque não é Deus que tem desamor e falta de piedade, é o homem. Por isso, ele achou que agora seu Templo seria o país, a terra seria o chão e o céu seria o teto. Ele difundiria as Leis de Deus e tentaria ser um professor.

D: *Isso parece maravilhoso. Dá para entender porque eles o considerariam um rebelde se fosse contra os ensinamentos de sua época. Como ele descobriu seus seguidores? Como os encontrou?*

A: Sempre houve aqueles que se sentiam como ele mas tinham muito medo. Por isso, as reuniões começaram em várias casas, na base do boca-a-boca. E as pessoas começaram a segui-lo.

D: *E depois de algum tempo, quiseram ficar com ele? É isso que você está dizendo?*

A: Sim. Pois quando você o escuta, sabe que há verdade ali. Ele fala com o coração, fala desde Deus.

D: *Ele realmente parece ser uma pessoa maravilhosa. Posso entender porque você iria querer acompanhá-lo. Antes, você estava falando de sua aldeia, mas eu achava que você morasse em Jerusalém.*

A: Bem, é Jerusalém, mas há suas pequenas divisões.

D: *Estou tentando entender o que você está me dizendo.*

A: Esta cidade tem suas áreas. Esta parte? Chamam-na Leste, e já foi chamada de Portão Oriental. Creio que essas áreas receberam seus nomes em função dos portões do Templo. Acho que essas aldeias foram formadas por pessoas que tinham as mesmas crenças e que viviam próximas. E, creio, também em função de seu dinheiro.

D: *Há algum muro em torno do Templo, com portões? Penso num portão como esses que geralmente ficam em um tipo de muro.*

A: Sim. Originalmente, o Templo era maior e tinha um muro em torno dele, com diversas entradas. Esse era o lado oriental. Eles têm vários nomes, mas tudo fica na cidade de Jerusalém.

Em seus textos históricos, Josefo disse que o Vale do Tiropeon dividia Jerusalém naturalmente em duas partes, oriental e ocidental. Eram conhecidas como a Cidade Alta e a Cidade Baixa. A impressão que tive é que Naomi disse que morava na Cidade Baixa, localizada na parte oriental.

D: *Há outros edifícios grandes e importantes além do Templo?*

A: O Templo é o maior edifício, o mais importante. Mas há outros edifícios grandes, os escritórios do governo, escritórios oficiais, armazéns, escolas.

D: *Então, é uma cidade grande. Ouvi dizer que pode haver templos de outros tipos por lá, além dos templos judaicos. É verdade?*

A: Ouço falar de outras crenças ou de outras escolas que eles chamam de templos.

D: *Você já esteve nesses templos?*

A: Não, não.

D: *Sabe o que são os romanos?*

A: Sim. Eles têm seus próprios prédios, suas próprias escolas e seus próprios locais de culto. Tentamos nos manter reservados e o mais distantes deles que podemos.

D: *Entendo isso. Você chega a ver soldados?*

A: Não com frequência. Não na nossa área, a menos que estejam procurando alguém.

D: *Existe um mercado em Jerusalém?*

A: Sim. Há a área principal da cidade, e há um mercado. Você pode comprar qualquer coisa que queira lá. É uma área específica da cidade. E há pequenos... todos estão instalados lá. Com mercadorias, comida e... são pequenas linhas que sobem e descem por essa área que eles chamam de mercado. É lá fora.

D: *Fica perto de onde você mora?*

A: Sim. Vou andando até o mercado. Há mais de um mercado nesta cidade e há um não muito longe de nós.

D: *Qual a aparência dos portões desse muro?*

A: Bem, disseram-me que foram trocados. Atualmente, são de madeira, com duas portas que se abrem. E elas são altas, bem altas e pesadas.

D: *Se foram trocadas, como eram antes?*

A: Disseram-me que tiveram de ser repostas e por isso foram feitas com mais altura, são mais fortes.

D: *Por que foram repostas?*

A: Acho que tivemos problemas com soldados há algum tempo. Eles queriam ensinar uma lição às pessoas que frequentavam nosso Templo. Houve uma rebelião porque os romanos queriam que lhes fornecêssemos mais grãos. E tivemos anos de seca. Por isso, houve uma rebelião e eles destruíram parte daquele muro e parte do Templo. Acho que essa parte do Templo foi reconstruída. Os romanos nos deram muitos problemas com suas leis e sua falta de compreensão.

D: *Os romanos são os governantes?*

A: Sim, eles têm o controle. Para nós, porém, que somos do templo do judaísmo, o governante é o rabino. Mas os romanos têm outras leis, outro poder e outro controle.

D: *Acho que você me disse que vocês também têm um rei, é isso?*

A: O romano. O rei controla e baixa decretos. O rei romano.

D: *Imagino que, como menina, você não precisa entender muito sobre essas coisas.*

A: Não, prefiro não saber. Prefiro não admitir nada disso, pelo pouco que sei ou ouvi falar. Não tenho vontade de saber sobre eles ou suas leis. Eles têm nos causado muitas dificuldades. Quero dedicar minha energia a viver a vida ensinando e aprendendo, pelo bem de todos. Assim, as pessoas podem viver juntas, sejam romanas, judias ou de outras crenças.

D: *Mas como país vocês precisam obedecer o que os romanos mandam fazer?*

A: Sim. Já faz algum tempo que temos vivido pacificamente.

D: *Isso é bom. Agradeço por me dar essas informações, pois estava me perguntando como estariam as condições no país. Você disse que está esperando a chegada do Nazareno? Como você está se preparando?*

A: Estou na minha rotina diária, mas acho que ele estará conosco muito em breve. E estou pronta. Tenho mantos para vestir e estou pronta para sair. E o interior não é muito seguro. A qualquer momento que você sai ou se afasta da cidade, pode haver – sejam romanos ou não – bandos de pessoas que nos furtam e matam.

D: *Então, não é mesmo seguro sair, não é?*

A: Nem sempre. A gente não sabe.

D: *É por isso que você quer se disfarçar como um menino?*

A: Para ser mais aceita.

D: *E não necessariamente para ficar mais segura?*

A: Certo.

D: *Você acha que eles não aceitariam essas coisas se viessem de uma mulher?*

A: Teriam mais dificuldade. As mulheres não estão autorizadas a receber a educação dos homens. Espera-se que cuidem da casa e das crianças pequenas, e é isso que tenho feito. E tenho ajudado a minha mãe com as crianças de que ela cuida durante o dia.

D: *Isso é tudo que se espera de uma mulher, e por isso eles acham que você não poderia ter muitos conhecimentos. Agora, vamos avançar no tempo até o momento em que ele está aí, quando ele chega, e vamos ver o que acontece. Preciso contar ou você já está lá?*

A: Não, eu o vejo. (Pausa) Ele está com mais três homens. Ele vem e fica conversando com meu pai na oficina. Agora, ele está entrando. Ele me saúda. E eu digo a ele que tomei minha decisão. E que só existe uma coisa que posso fazer nesta vida, que é caminhar com ele. Ensinar e ser útil a todos aqueles que ele desejar que eu ajude, sejam eles doentes, pobres ou carentes de alguma coisa.

D: *E o que ele diz?*

A: (Pausa) Ele olha para mim, pega o meu rosto em suas mãos e, com esses olhos que vão além deste mundo, ele sabe... ele sabe que nada pode me deter. E ele diz, assim seja. E minha mãe chegou. Agora, preciso contar para a minha mãe e meu pai. E digo a eles que fiz o melhor que podia, mas neste período que passou e que fiquei tão quieta, estive rezando e sei o que Deus quer que eu faça. Ouvi essas vozes que costumo ouvir. E sei que nenhum homem pode encontrar felicidade ao meu lado. Que eu ficaria muito triste se permanecesse aqui e tentasse me casar e ter uma família, pois não é essa a minha vocação. Espero que eles entendam e encontrem amor por mim em seus corações. Mas eu preciso fazer essa jornada.

D: *Como eles reagem?*

A: Minha mãe está chorando. E meu pai ficou em silêncio. Mas o Nazareno diz, "Esta mulher, esta criança, fala com o coração e conhece a única verdade que existe. Assim seja. Ela pode caminhar ao meu lado em paz, conhecendo minha proteção e meu amor. E ela irá me ajudar e aprender a viver segundo as Leis de Deus, e ser útil onde quer que precisem dela".

D: *E se ele quer que você vá, não há muito mais que eles possam dizer, não é mesmo?*

A: Não. Acho que, como fui paciente e fiquei quieta nestes últimos meses, eles sabem que vou acabar fazendo isso.

D: *Eles sabem que não é apenas um impulso infantil.*

A: Certo. E ele sabe que vou andar com ele.

D: *Quando ele vai partir?*

A: Pela manhã, ele vai para o interior, uma região na qual as pessoas estão muito doentes e precisam ouvir seus ensinamentos para poderem encontrar fé, esperança e uma razão para prosseguir. Essas pessoas, segundo ele diz, são chamadas de "leprosos". Elas têm uma doença que é muito triste.

D: *Você acha que ele será capaz de visitar uma área como essa, com tanta gente doente?*

A: Sim. É para isso que estou aqui.

D: *Há outras pessoas indo com ele?*

A: Ele tem um grupo que costuma acompanhá-lo. O grupo parece variar de tamanho. Mas a maioria de seus seguidores são homens. De vez em quando, vejo mulheres, mas são mulheres mais velhas.

D: *Ninguém da sua idade.*

A: Certo. E estou pronta.

D: *Então, vocês vão sair pela manhã. Você já cortou seus cabelos? Você disse que ia cortar os cabelos para se disfarçar.*

A: Vou fazer isso quando achar que todos estão dormindo. Não quero lhes causar mais dor. Vou sentir saudades das crianças de que minha mãe cuida. Elas me deram muita alegria. Mas sei que meus pais têm seu próprio trabalho para fazer e que estão onde deveriam estar.

D: *É claro que você poderá voltar caso as coisas não deem certo.*

A: Sim. Voltaremos por esse caminho.

D: *Muito bem. Vamos avançar até a parte da manhã em que você está saindo com ele. Diga-me o que está acontecendo.*

A: (Suspiro) Bem... Estou radiante, cheia de amor e alegria. Mas... um pouco triste. Estou me despedindo de uma vida que conheci e estou começando outra. (Com tristeza) Mas abraço a minha mãe e a beijo e digo-lhe que estarei bem. Preciso fazer isso e eu a amo. E meu pai tem lágrimas nos olhos. Nós nos abraçamos. Dou uma última olhada. (Tudo isso foi dito com profunda emoção. Depois, resignada ou decidida) Agora, estou pronta para partir.

D: *(Foi um momento tão emotivo que achei que estaria me intrometendo) Será uma vida totalmente nova, não é?*

A: (Suspiro profundo) Sim.

D: *Na verdade, você nunca chegou a sair de Jerusalém, e por isso também será uma aventura, não é?*

A: (Suavemente) Sim.

D: *Uma coisa que as moças não costumam fazer. (Eu tinha de distrair a mente dela da tristeza). Quantas pessoas há no grupo em que você está agora?*

A: Bem, vamos ver. Parece que há... doze, contando todos.

D: *Contando você e Jesus também?*

A: Sim, sim.

D: *Você conhece alguma outra pessoa?*

A: Elas me parecem familiares. Acho que é principalmente porque eu as vi com ele antes, ou então quando entrei furtivamente em suas reuniões. Mas não as conheço.

D: *Imagino que antes tudo isso acabe, você vai saber quem são e vai saber os nomes delas. Provavelmente, você vai conhecer todas muito bem. Fiquei curiosa para saber o que pensam sobre a sua presença.*

A: Acho que estão num caminho similar ao meu e por isso vão me aceitar.

D: *Vocês terão de encontrar alimentos, abrigo e coisas assim, não?*

A: Bem, nesta época do ano a temperatura é amena o suficiente para montarmos pequenos abrigos para dormir. E tenho a impressão de que temos jarros com água e comida. Creio que eles se prepararam para a duração dessa viagem ou então conhecem lugares onde podem parar.

D: *Há animais com vocês? Fico imaginando como as coisas estão sendo transportadas.*

A: Parte delas estão sendo levadas na mão. Estou vendo um animal de carga, um... burro que parece carregado com algumas coisas. E parece que há um bode, mas não sei se esse bode vai conosco ou não. Acho que, na maioria dos casos, quando precisam de suprimentos, sabem onde parar.

D: *Você está levando alguma coisa com você?*

A: Sim. Tenho um saco de pano no qual levo várias coisas. Tenho um cobertor e objetos pessoais. E necessidades.

D: *Estava curiosa para saber se havia objetos pessoais ou alguma outra coisa que você não conseguiu deixar.*

A: Bem... eu... (ela pareceu envergonhada) só levei o mínimo necessário. Isso é tudo... você quer dizer um objeto pessoal, um objeto favorito?

D: *Sim. Alguma coisa que você não conseguiu deixar lá.*

A: Eu tenho um amuleto que posso ficar segurando ou pendurar no pescoço. Ele está comigo desde que eu era criancinha.

D: *Qual a sua aparência?*

A: Ele foi forjado pelo meu pai quando eu era pequena. E tem um símbolo... ah, creio que é uma estrela, uma estrela de seis pontas. Mas para mim é um símbolo do amor e de Deus. E ele deve ter feito isso para mim quando eu tinha uns cinco anos.

D: *Além do fato de seu pai tê-lo dado a você, o amuleto tem outro significado?*

A: Bem, ele pôs uma letra nele, e essa letra significa a vida. Está no centro dessa estrela. É (fonético) Ah-hi.

O judeu que me ajudou com esses detalhes hebraicos disse que a palavra que representa a vida é grafada foneticamente: Chai, e provavelmente é a palavra mencionada, embora seja grafada com dois símbolos na língua hebraica. O centro da Estrela de Davi é vazio, e certamente foi possível combinar dois símbolos num só para colocar alguma coisa ali.

D: *Esse é o nome da letra?*

A: E significa vida.

D: *A estrela de seis pontas tem algum significado?*

A: É a Estrela de Davi. Ela é importante no judaísmo.

D: *Mas a maioria dos amuletos não tem a letra?*

A: Não. Ele fez isso para mim.

D: *Então, esse seria um objeto bem pessoal para se levar.*

A: Sim. Eu não falo sobre ele para muita gente (riso envergonhado).

D: *Bem, isso é pessoal. E entendo o que ele significa para você. Seria uma parte de casa que você está levando. Quantos dias levam até chegarem nesse lugar para onde estão indo?*

A: Disseram-me que seria uma caminhada de um dia e meio, dependendo, creio, da energia e da saúde de cada um, do calor e de outras coisas. Mas provavelmente vai levar isso mesmo.

D: *Sabe que direção vocês vão tomar quando saírem de Jerusalém?*

A: Deixe-me ver. Parece que estamos indo... para leste e sul. Sim.

D: *Qual a aparência da terra nessa direção?*

A: Bem... estou vendo algumas colinas e areia. E enquanto vamos andando, vejo verde à distância. Há algumas árvores em certos lugares. Mas muitos espaços abertos do deserto.

D: *Então, deve estar quente. A terra perto de Jerusalém tem essa aparência?*

A: Como temos fontes e água em Jerusalém, temos áreas verdes, árvores e colinas. Nem tudo é deserto.

D: *Dá a impressão de que a jornada à sua frente será difícil. Mas, se você está determinada a ir, será maravilhosa. Muito bem. Quero sair e deixar você prosseguir em sua jornada.*

Depois, trouxe Anna de volta à consciência plena. Naomi se retraiu para aguardar a próxima ocasião em que será chamada para dar continuidade à sua história.

A importância daquilo que Naomi quis fazer com sua vida e a coragem que demonstrou ao sair da casa de seu pai só ficaram claras quando pesquisei os costumes daquela época. No tempo de Jesus, os judeus viviam estritamente segundo a Lei, a Torá, ou as Leis de Moisés encontradas nos primeiros livros do Antigo Testamento. Essas regras governavam tudo em suas vidas e eram um ponto de disputa entre os sacerdotes e Jesus. Ele havia aprendido a interpretar a lei de modo diferente e mais justo quando estudou com os essênios. Achava que com sua severidade, os sacerdotes haviam se esquecido do indivíduo e do fato das circunstâncias poderem influir na maneira como essas regras poderiam ser aplicadas. A forma como as mulheres eram tratadas naquela cultura é um exemplo. Em Qumran, lar dos essênios, as mulheres eram tratadas tal como os homens. Elas aprendiam tudo que quisessem aprender e muitas se tornavam professoras. Em *Jesus e os Essênios*, descobrimos que Jesus tinha muitas discípulas, um ponto que desapareceu da Bíblia ao longo de muitas revisões e exclusões que ela sofreu. Jesus falava com as pessoas comuns através de parábolas. Ele apresentava seus ensinamentos em analogias baseadas em coisas da vida cotidiana, que elas podiam compreender e se identificar. Os discípulos de Jesus aprendiam as leis metafísicas do universo, métodos de cura e a realização dos supostos "milagres", pois tinham recebido treinamento para poderem compreender essas coisas. É discutível se ele encontrou alguém com quem pudesse compartilhar todo o seu conhecimento. A Bíblia não dá nenhuma indicação de que ele o tenha conseguido. Ele descobriu que as mulheres eram mais capazes de compreender seus ensinamentos por conta de seus talentos intuitivos naturais. Quando chegou a hora de suas discípulas saírem para divulgar os ensinamentos, ele sabia que elas correriam mais riscos do que os homens, e por isso ele as fez acompanhar de um homem para sua segurança. O respeito de Jesus pela igualdade das mulheres também explica sua defesa da prostituta que estava prestes a ser apedrejada. Todas essas coisas causaram atritos, pois eram contrárias aos ensinamentos da Lei. Isto pode ser compreendido quando vemos como as mulheres eram tratadas na Palestina naquela época.

Segundo a Torá, a mulher era inferior ao homem. As mulheres não participavam da vida pública. Era adequado e esperado que as mulheres (especialmente as moças solteiras) ficassem dentro de casa. Elas não deviam sair de casa sem um acompanhante, e quando o faziam, esperava-se que não fossem vistas em público. Mercados, salões do conselho, tribunais, reuniões e encontros, locais onde se reuniam muitas pessoas – em suma, toda a vida pública – eram apropriados para homens, mas não para mulheres. Durante as festas imensamente populares que aconteciam no Pátio das Mulheres do Templo, as multidões eram tão grandes que foi necessário construir galerias para as mulheres a fim de separá-las dos homens. Elas podiam participar dos cultos da sinagoga local, mas barreiras de treliça separavam a seção das mulheres, que tinham até mesmo sua própria entrada especial. Durante o culto, as mulheres ficavam apenas ouvindo. A mulher não tinha o direito de testemunhar em processos jurídicos, pois a Lei concluiu que ela iria mentir. Por motivos econômicos, era difícil aplicar algumas dessas regras. Muitas mulheres precisavam ajudar os maridos em suas profissões, como a venda de mercadorias ou o trabalho nos campos. Entretanto, a mulher não podia ficar sozinha no campo e não era habitual, nem mesmo no interior, que os homens conversassem com mulheres desconhecidas. Este costume foi quebrado volta e meia por Jesus, para espanto de seus discípulos do sexo masculino. Ele conversava abertamente com as mulheres sempre que as encontrava. As regras de educação proibiam os homens de ficarem sozinhos com uma mulher, de olharem para mulheres casadas ou até mesmo de saudá-las. Para um erudito, era vergonhoso conversar com uma mulher na rua.

Vendo como eram os costumes, entende-se que as mulheres corriam o risco de serem condenadas ou severamente censuradas por ousarem desafiar a tradição, simplesmente por irem ouvi-lo falar. Em parte, isso pode explicar a atração que as mulheres sentiam por ele. Eis um homem que as tratava de maneira diferente dos outros homens. Não era à toa que elas o amavam.

A educação das mulheres era limitada às artes domésticas, especialmente culinária, costura e tecelagem, além de cuidarem das crianças pequenas. Esposa e filhas ficavam totalmente sob o controle do homem da casa, sem direito algum. A esposa tinha o dever de obedecer plenamente seu marido, e os filhos tinham de colocar o respeito pelo pai acima do respeito por sua mãe. Até a idade de doze anos, o pai tinha poder total sobre a filha. Ela podia até ser vendida como escrava, se necessário. Aos doze anos, ela se tornava uma donzela madura e o pai conseguia um casamento para ela. Sua propriedade e a obediência absoluta seriam transferidas nessa ocasião, passando do pai para o marido.

Este costume explicava porque Naomi estava tão preocupada com seu destino caso permanecesse na casa de seu pai. A idade normal para o noivado das jovens era dos doze anos aos doze anos e meio, e o casamento costumava acontecer um ano depois. Naomi ficava dizendo que ainda não tinha treze anos e que não desejava se casar e ter uma vida normal. Esse era o único futuro que ela poderia conhecer ou esperar. Ela sabia que se não expressasse seus desejos, algo inédito para uma mulher, ficaria presa a uma vida que não conseguiria tolerar. Isto explica porque seu pedido para sair de casa e acompanhar seu tio, Jesus, era tão extraordinário. Certamente, isso não lhe teria sido concedido sob circunstâncias normais. Mas o fato de Naomi ter desafiado abertamente os costumes de seu povo mostrou que ela era uma jovem incomum. Também explica sua insistência em cortar os cabelos e vestir-se como um garoto. Era estritamente proibido às jovens serem vistas sozinhas em público, que dirá viajarem com um grupo de pessoas. Ela também se disfarçava quando saía para participar de reuniões sigilosas. Essas coisas seriam aceitáveis para um garoto, mas nunca para uma garota.

Como expliquei antes, as escolas eram escolas religiosas para estudo e compreensão da Lei. Excetuando-se leitura e escrita, nada mais era ensinado. A educação destinava-se apenas aos meninos judeus, não às meninas. Assim, nunca seria permitido que uma mulher desse aulas. Esta regra pode parecer contraditória com a vida de Abigail na primeira parte deste livro, que foi designada como professora no Templo. Mas Abigail deixou claro que não era judia, e por isso não estava presa às regras da Torá. Isso também pode explicar as razões profundas pelas quais os sacerdotes menosprezavam sua sabedoria e porque tentaram subjugá-la.

Só entendendo esse pano de fundo é que podemos avaliar plenamente a atitude de Jesus diante das mulheres. Os evangelhos falam de mulheres que o seguiam, um fato sem precedentes na história daquela época. Jesus deixou conscientemente de lado os costumes ao permitir que isso acontecesse. Ele pregava para as mulheres e permitia que participassem ativamente e até que fizessem perguntas, e João Batista as batizava. Jesus não estava contente em levar as mulheres a um plano superior ao que era costumeiro; ele quis levá-las diante de Deus em pé de igualdade com os homens. Tudo que Jesus ensinou era contraditório e radical do ponto de vista da pessoa média daquela época. Era preciso ter muita coragem, tanto para homens quanto para mulheres, para participar de suas reuniões e para decidir seguir seu novo tipo de religião.

Capítulo Sete

A Aldeia dos Leprosos

A LEPRA É UMA DOENÇA MUITO ANTIGA, datada dos tempos bíblicos, talvez de antes. Em sua pior forma, é realmente horrível, e até hoje as vítimas são isoladas em hospitais, colônias e ilhas. Em boa parte, isto se deve ao medo associado à doença, que é contagiosa, e seus sintomas podem criar condições físicas desafortunadas que persistem por muitos anos antes de matar o paciente.

Hoje ela é chamada de hanseníase e ainda não se compreende exatamente como o germe entra no corpo ou como é transmitido. Ela é infecciosa, mas estima-se que o período de incubação seja de dois a vinte anos. Ela atua de maneira muito lenta. Embora a lepra seja considerada contagiosa, geralmente membros da mesma família não contraem a doença. Por isso, embora a lepra tenha estado conosco desde o início da história conhecida, ainda é uma doença misteriosa.

É difícil para as pessoas de nossa época compreenderem o terror e o medo que a doença criava nas pessoas no tempo de Jesus. Era tão horrível que a única solução consistia em isolar as vítimas, pondo-as num lugar distante do resto da população. Lá, elas podiam viver mas não precisavam ser observadas pelos outros. Se as pessoas não podiam vê-las, podiam esquecê-las. Nos tempos de Jesus, considerava-se o sofrimento como um sinal de desagrado de Deus. Por isso, as pessoas não ligavam para aquilo que acontecia com esses maus espécimes da raça humana, desde que não tivessem de se associar com eles. A Bíblia os chama de "impuros", e as pessoas viviam com medo de contrair a doença. As vítimas infelizes não podiam ser curadas por meios comuns, e eram isoladas da sociedade: socialmente, estavam mortas. Suas aldeias eram tão evitadas quanto os indivíduos.

A Bíblia descreve os sintomas desta doença e as precauções a serem tomadas, mas as descrições são vagas. Hoje, a maioria dos estudiosos da Bíblia concorda que a lepra designava qualquer mácula que pudesse marcar a vítima como "imunda" segundo a Lei Hebraica.

Os especialistas em medicina alegam que alguns sintomas descrevem não só a lepra como uma variedade de doenças de pele mais comuns, que não são nem contagiosas, nem fatais. Algumas dessas doenças eram uma variedade de psoríase, uma doença de pele antiga e muito comum. É a mais universal das doenças de pele, sendo encontrada em todos os climas e em todas as raças. Em alguns casos, entre os pobres e aqueles que viviam em condições pouco higiênicas, a psoríase era associada a outros transtornos infecciosos, especialmente sarna ou coceira. Ela pode assumir rapidamente uma forma pustular e dar origem a ulcerações, imitando assim um sintoma da lepra.

Além disso, há diversos tipos de doenças de pele produzidas por parasitas vegetais ou epífitos. A micose comum é um exemplo conhecido dessa doença. Nenhuma delas prejudica a saúde em geral. Há ainda vários fungos, como aqueles que causam o mofo e a podridão seca, que se propagam sozinhos e afetam casas e roupas. Provavelmente, é isso que a Bíblia define como lepra na casa ou nas vestimentas. Elas se parecem com algumas variedades de psoríase e são contagiosas.

É possível que, nos tempos bíblicos, tenha havido muitas doenças desconhecidas hoje por nós. Na Idade Média e até mais tarde, muitas pessoas com diversas aflições cutâneas foram consideradas leprosas erroneamente, sendo tratadas como tais pelo confinamento em hospitais para leprosos. Isso foi feito a tal ponto que, no começo do século 16, foi feita uma inspeção dos hospitais para leprosos na França e na Itália, todos lotados. O maior número de casos, e, em alguns hospitais, todos os pacientes, sofriam apenas de doenças cutâneas variadas, e apenas uma minoria de lepra.

Portanto, era possível encontrar pessoas com doenças não contagiosas e não fatais postas na mesma categoria e isoladas junto com os leprosos. Os judeus não queriam se arriscar, e qualquer um que tivesse um problema de pele persistente era declarado "imundo". O medo predominava, e ninguém pensaria em se aproximar de um leproso, muito menos em tocar num deles. A única exceção era Jesus, pois ele aceitava todos como iguais. Ele conseguia ver o que havia sob a desfigurada aparência externa: uma indestrutível alma humana.

Normalmente, a verdadeira lepra é uma doença lenta e insidiosa. No começo, duas características distintas se manifestam: a perda da sensibilidade das fibras nervosas da pele e um estado de congestão de minúsculos vasos sob a pele, que surgem na forma de manchas circulares de formas e extensão irregular e variada, na testa, nos membros e no corpo, com a face e o pescoço exibindo apenas uma vermelhidão difusa. Essas manchas podem mudar de cor e por isso podem ser vistas manchas vermelhas, arroxeadas ou brancas ao mesmo tempo. Nos primeiros estágios, há muito pouca dor, mas percebe-se certo grau de torpor ou anestesia em todos os pontos afetados. Os dedos, em especial, ficam entorpecidos, parados e amarronzados. Veem-se diversas feridas que se ulceram e exsudam pus. Noutros casos, as juntas se deslocam e os dedos e artelhos caem. Com o tempo, há a perda dos membros e a desfiguração severa da face e do corpo, com ossos e cartilagens sendo atacados e destruídos. Essa doença causa uma maciça destruição física, pois ela devora lenta e gradualmente todas as partes do corpo. Em muitos casos, quase todos os traços humanos são destruídos pela mutilação e pela desfiguração. Enquanto a perda de sensações comuns é acentuada, costuma haver ardência interna e dores nevrálgicas que produzem grande sofrimento. As infelizes vítimas podem viver dez ou quinze anos com o progresso da doença, e não existe uma cura conhecida que seja realmente eficiente. Os sintomas podem ser tratados, mas a doença em si é incurável. O tratamento estabelecido há séculos para a lepra é o óleo de chaulmoogra. Em nossa época, malgrado o desenvolvimento de novos remédios, o óleo de chaulmoogra e seus ésteres etílicos derivados continuam a ser amplamente usados em muitas partes do mundo. Esse óleo provém das sementes da fruta de uma árvore frondosa da Índia. É bem possível que esse óleo fosse conhecido e usado na Palestina em virtude do comércio ativo com países próximos, inclusive a Índia.

O Novo Testamento menciona doze casos de lepra, e dez devem ser considerados sob uma única entrada. Em Lucas 17:12-19, Cristo curou dez leprosos e um voltou para agradecer. Em nenhum lugar do Novo Testamento é dito que Jesus visitou as aldeias isoladas e criadas especialmente para os leprosos. Há apenas uns poucos incidentes nos quais ele os encontra por acaso. Talvez isto explique porque não ficou com repulsa e nem se assustou com eles. Segundo minhas pesquisas com Naomi, ele passou muito tempo entre eles em suas próprias casas.

Entrei em detalhes porque acho que a compreensão desta doença degenerativa vai deixar mais claras as condições em que Jesus e seus seguidores trabalhavam.

Quando Naomi disse que o primeiro lugar que o grupo de Jesus iria visitar era a aldeia dos leprosos, comecei a ver a lógica do pensamento de Jesus. Ele compreendera que sua sobrinha estava determinada a ir com ele. Ele não seria capaz de convencê-la do contrário. Mas seria um "batismo de fogo" levá-la a um lugar como a colônia de leprosos. Ali, ela seria exposta a pessoas em condições lamentáveis, com uma doença na pior forma possível. Ou ela se mostraria capaz, ou desistiria. Ela iria perceber que esse tipo de trabalho não era agradável, que significava expor-se ao sofrimento das pessoas e a seu isolamento proposital. Não foi à toa que Jesus resolveu levar Naomi a tal situação, expondo-a primeiro ao pior. Provavelmente, ele raciocinou que, se ela não pudesse suportar aquilo, iria pedir para voltar à segurança da casa de seus pais. Creio que ele deve ter deixado tudo pronto para ela voltar, mas neste caso a decisão teria sido dela e ela teria de conviver com a decisão. Ela não teria ninguém a culpar, exceto a si mesma. Ela havia seguido seu coração e, em pouco tempo, descobriria se o caminho do Nazareno era o seu caminho ou não.

Quando demos prosseguimento à história na sessão da semana seguinte, presumi que nada de interessante poderia acontecer na viagem de um dia e meio. Por este motivo, levei Naomi até a conclusão da viagem.

D: *Está quase terminando a primeira viagem que você faz após sair da casa de seus pais. O que você está fazendo? O que está vendo?*
A: Estamos entrando na aldeia dos leprosos. Vejo uma lagoa grande, vejo colinas. A aldeia é protegida pelas colinas de calcário. Agora, estamos entrando na aldeia.
D: *A viagem foi difícil?*
A: Foi longa e fez calor, mas não tivemos nenhum problema. Não foi muito difícil.
D: *Os outros membros do grupo sabem que na verdade você é uma menina?*
A: Não, eles pensam que sou um garoto. Estou usando roupas de garoto. E embora meu rosto pareça um pouco feminino, nesta idade é difícil ver a diferença. Sou magra, magricela até, e por isso fico bem disfarçada de menino.
D: *Você está usando um nome diferente?*

109

A: Eu não... deixe-me ver. (Riso) Agora eu me lembro. Não tinha pensado nisso, mas, naturalmente, havia muitas coisas na minha mente. Fui apresentada e o Nazareno hesitou. Mas depois ele me apresentou como Natanael. Natan.

D: *Natan. Ele lhes disse que vocês eram parentes?*

A: Não, ele disse que eu era o filho de um amigo querido que estava tentando descobrir se este era o caminho certo a seguir.

D: *Isso foi muito diplomático. Fiquei curiosa para saber o que os outros participantes do grupo conheciam a seu respeito. Então, agora ele vai chamá-la de Natan ou Natanael. Você disse que essa aldeia era protegida pelas colinas?*

A: Sim. Deixe-me ver se consigo explicar. Há um pequeno grupo de colinas de calcário que não são muito altas. Na base dessas colinas há esta aldeia. A lagoa pode ser de uma fonte generosa. Fica do outro lado da aldeia. Esta é uma colônia pequena. Parece haver um pouco de vida vegetal, mas a região é seca e desolada.

D: *Fica muito longe de outras aldeias ou cidades?*

A: Sim. Escolheram este lugar por causa de sua distância. Estas pessoas não são bem tratadas, e precisam de um lugar onde possam viver em relativa paz.

D: *Por que não são bem tratadas?*

A: Esta doença produz deformações e assusta as outras pessoas. Por isso, as pessoas não costumam se mostrar amigáveis e mal conseguem olhar para esses doentes, especialmente quando a doença ficou realmente crítica. Eles vivem com medo de pegar essa doença.

D: *Você já tinha visto pessoas com essa doença?*

A: Não. Na verdade, não sinto medo, pois sinto que estou onde eu deveria estar. E minhas vozes e minhas preces têm me dado força para saber que devo ser prestativa. Saber que estou ajudando a curar, física ou emocionalmente, me dá forças.

D: *Imagino que também deve lhe dar forças o fato de Jesus não se incomodar em ir lá.*

A: Sim. Sua ausência de medo dissolve qualquer medo que eu pudesse ter.

D: *E você disse que há várias pessoas no grupo, não é?*

A: Sim. Deixe-me ver se consigo contá-las. Parece que são... doze.

D: *São todos homens?*

A: Há duas mulheres mais velhas. Creio que são mulheres com experiência em curas. Elas participaram de outras viagens com ele. Talvez elas venham especificamente quando ele visita esta aldeia.

D: *Você sabe se ele já esteve antes nesta aldeia?*

A: Sim, esteve. Ele visita alguns locais várias vezes. Eles vivem esperando seu retorno.

D: *Você tem ideia de quanto tempo vão ficar lá?*

A: Parece que minha mente diz que serão sete dias.

D: *Vocês vão ficar junto com as pessoas enquanto ele estiver lá? Sabe alguma coisa?*

A: Nós montamos nosso próprio acampamento, mas é na aldeia. E eu devo ficar do lado dele, aprendendo com os médicos. Serei apenas uma observadora, uma assistente.

D: *Então alguns membros do grupo são médicos?*

A: Sim. Sei que as mulheres têm participado de partos e ajudado. Mas também auxiliam médicos, e por isso adquiriram esses conhecimentos.

D: *Sabe se algum dos homens é médico?*

A: Desta vez, não há nenhum que tenha estudado. Nem sempre ele encontra médicos dispostos a vir quando está pronto para viajar. Essas pessoas sabem trabalhar com esses leprosos, e talvez tenham sido assistentes dos médicos, por isso podem dar continuidade ao trabalho.

D: *Então, normalmente, quando ele fez essas viagens, leva médicos no grupo.*

A: Sim, se estiverem disponíveis e dispostos.

D: *Bem, posso entender porque até os médicos ficariam com medo. Então, você pode avançar um pouco e me dizer o que está acontecendo?*

A: (Suspiro) Sim. Bem, três de nós vamos entrar numa casinha. Os moradores da casa são um homem mais velho e sua esposa, e parece que há mais duas pessoas lá. O homem mais velho... (ela respirou rapidamente e emitiu um som de repulsa). Ohhh, caramba!

Obviamente, Naomi estava sendo exposta pela primeira vez a alguém acometido pelos estágios mais avançados da doença.

111

A: Estou tentando ser muito forte mas... (suavemente) é difícil. Ele está numa condição muito crítica. Parece que tudo que pode ser feito agora é tentar amenizar a dor, esperando que ele faça em breve a transição para fora de seu corpo.

D: *Você disse que três pessoas entraram lá. Jesus era uma delas?*

A: Sim, e uma das mulheres mais velhas. Ela tem uma sacola com bandagens e diversos pós que ela pode misturar para aliviar as feridas. Alivia, mas nada parece vencer a doença. Desde que estou aqui, vi-a em diversos estágios diferentes. E de vez em quando, temos esperança de que ela não vá piorar. Mas essas pessoas fazem o melhor que podem para viver com fé e ajudarem-se umas às outras.

D: *Você disse que esse homem está tão mal que eles vão apenas tentar aliviar suas dores. Essa mulher vai fazer isso?*

A: Sim, mas ela está aqui principalmente para aplicar bandagens e tentar aliviar a pior parte dos ferimentos. Jesus está rezando e pondo as mãos sobre o homem. E... é quase como se eu pudesse ver uma luz emanando do rosto desse homem. O Nazareno colocou suas mãos no alto da cabeça, a coroa, e estou vendo esta luz brilhar. Depois, ele coloca as mãos sobre o coração do homem. Ele fica assim, rezando em silêncio, junto do homem. E posso ver um brilho dourado na região do coração dele. (Emocionada) Oooh! É difícil descrever isto.

D: *O que você quer dizer?*

A: É lindo, mas é mais do que isso. É uma coisa que nos preenche. Preenche qualquer vazio em seu interior. E faz com que tudo pareça cálido e amado, e que não haja vazio por dentro. É difícil expressar isso em palavras.

D: *Quer dizer que você sente isso só por observá-lo?*

A: Sim, sim. E dá para ver que este homem... seu rosto está em paz... a dor parece ter diminuído muito. E outro dia, o Nazareno... ele ergueu a minha mão e, com um dedo, desenhou um círculo na palma da mão (ela fez os gestos). E disse, "Isto também é o coração. O centro das palmas das mãos. No centro, há outro chakra do coração. E é por isso que há tanto poder na cura dessas mãos, por causa dessa energia que vem direto dali.

D: *Ele usou a palavra "chakra"?*

A: Centro... coração... Chakra... coração? Não tenho certeza.

D: *Ele estava se referindo às suas mãos ou às dele?*

112

A: Acho que ele se referiu às mãos de todos nós. Ele pegou a minha mão... depois pegou a outra e disse, "Estes também são centros do coração". (Ela fez novamente o gesto de quem desenha círculos no centro das palmas das mãos.)

D: *Ele desenhou um círculo nas palmas de suas mãos?*

A: Sim. Talvez isso seja apenas parte do meu treinamento, pois sempre senti a energia e a força ali. E sempre que ele me tocava, isso aparecia com força. Talvez, se você conhece a conexão, se tem consciência dessa conexão, e isso é feito através do coração e com pureza, então a energia é apenas uma conexão direta. E essa energia do coração é o remédio mais forte de todos.

D: *Muita gente não entenderia isso, não é?*

A: Acho que não, mas para mim isso parece muito natural.

D: *Então, ele está dizendo que, além do coração no interior do seu corpo, há outros centros do coração no corpo?*

A: Foi assim que ele me explicou. Foi isso que entendi, e nunca ouvi alguém dizer uma coisa assim antes.

D: *Talvez isso explique algumas das formas de cura que ele usa.*

A: Quando ele me disse isso, pareceu muito certo. Fez muito sentido. E depois, quando o vi, tudo ficou muito claro. Quando você olha para as pessoas, vê que isso é uma ferramenta. Este pobre homem estava sofrendo desesperadamente de dor, e agora seu rosto está em paz.

D: *Você acha que as outras pessoas que estão no quarto conseguem sentir a mesma coisa que você?*

A: Não sei. Sei que elas devem sentir alguma coisa, porque... o silêncio é bem diferente. Elas devem sentir a energia, ou então veem o amor e o carinho que fluem dele.

D: *Creio que fica óbvio para qualquer um que o vê que este não é um homem comum.*

A: Não é. Ele está muito consciente, muito sintonizado com sua... (ela teve dificuldade para encontrar as palavras) conexão com Deus, ou com Deus dentro dele, ou com o propósito de Deus. Não sei qual é a palavra certa. Mas creio que a maioria das pessoas não tem noção das coisas que para ele são tão claras e simples.

D: *Você o acha diferente dos outros homens?*

A: Ele é diferente por causa de sua sensibilidade e compreensão, e pela total falta de medo. Ele tem confiança em seu lugar e em seu dever.

D: *Você já ouviu alguém dizer que talvez ele seja diferente dos outros homens?*

A: Sim. Há pessoas que o transformam em alguma coisa parecida com um deus. Ele tem poderes e capacidades que nunca vi antes. Sei que ele é de carne e osso, mas também sei que seu espírito e sua energia são diferentes.

D: *Você ouviu alguém dizer que acha que ele é parecido com um deus?*

A: Sim. Pois quando você o vê fazer algumas das coisas que ele faz, não há outro meio de explicar. Contudo, ele se esforça para ensinar que todos nós somos capazes de ser o que ele é e de fazer aquilo que ele faz. Só que eu acho que a maioria não consegue ter a pureza e o desejo no coração. É muito difícil seguir um caminho como o dele sem se deixar desviar pelas coisas que desviam a maioria dos homens e mulheres.

D: *Sim. A parte humana da vida dificulta muito a manutenção da pureza. Nesse sentido, ele é diferente.*

A: Nesse sentido, ele é como nenhuma outra pessoa.

D: *Fico imaginando o que ele pensa quando ouve as pessoas dizerem que ele é como um deus.*

A: (Riso) Ah, ele não aceita isso. Lembro-me de ouvi-lo dizer – é algo assim – ele disse, "Meu irmão, não sou mais do que você. Só posso reconhecer aquilo que posso ser e como posso servir. E tenho fé e amor sincero por meu Deus". Ele tenta esclarecer o que ele considera o seu propósito.

D: *E o que ele considera seu propósito?*

A: Ele acha que foi mandado para cá para ser um professor da vida, um raio de vida. Para ser um exemplo daquilo que a humanidade pode ser e dos dons que a humanidade tem. E que todas as pessoas podem fazer aquilo que ele está tentando lhes ensinar.

D: *Isso faz sentido para mim, mas você sabe como são as pessoas. É muito difícil fazer algumas delas entenderem isso.*

A: Sim. E a maioria das pessoas vive com medo de uma ou de várias coisas. Enquanto não puderem largar esse medo, sem recear se conhecer e ouvir seus corações, elas não serão tocadas. Terão de descobrir isso sozinhas.

D: *Sim, isso faz sentido. (Voltei à cena que ela estava observando) Então, ele está trabalhando com esse homem no quarto e esse*

114

homem não sente mais dor. Ele faz mais alguma coisa nessa casinha?

A: Não. Ele ficou um pouco com o homem, depois foi até a esposa e ficou segurando as mãos dela. Não consegui ouvir direito o que disse a ela, mas disse que voltaria. E ele foi fazer a próxima visita.

D: *Você também o acompanhou nessa visita?*

A: Sim. Fomos... Oh, isto é muito triste. A próxima casa que visitamos abrigava crianças que não tinham pais e nem família. Mas nem todas essas crianças parecem estar doentes. Não dá para dizer que tenham a doença. Acho que é possível desenvolver essa doença em diversos estágios ou em idades diferentes. Por isso, algumas delas têm aparência perfeita. E algumas delas estão muito... carcomidas (suspiro profundo). Mas esta é a casa das crianças.

D: *Elas moram juntas nessa casa, essas que não têm pais?*

A: Sim. Uma enfermeira ou cuidadora fica com elas o tempo todo. E há outras ajudantes ou assistentes que vão durante o dia.

D: *O que ele faz lá?*

A: Ele vai até cada uma das crianças e... ou fala com elas ou... Ele sempre as toca. Vejo-o tocando seus rostos, sorrindo com carinho e colocando suas mãos sobre elas. Mas ele sempre se preocupa em conversar com cada uma delas.

D: *Você consegue ouvir o que ele está dizendo?*

A: Oh. Tem uma garotinha sentada num canto e... ele pergunta o nome dela e... (sorrindo muito) ela se senta no colo dele. E ela lhe pergunta se ela vai sarar ou morrer. E ele lhe diz que ela ficará bem, que irá crescer para ajudar a cuidar das crianças. E que deve ter um coração puro, um coração amoroso, e não se desesperar, porque ela está onde Deus precisa que ela esteja. E ela conhecerá o amor e... é isso que ele lhe diz (tudo isso foi dito com linda emoção).

D: *Isso é lindo. E o que a menininha fez?*

A: Ela está sentada, olhando para ele. Ele a abraça e a põe no chão. Ela está sorrindo. E ele vai até um menino que tem apenas uma perna. E, oh, ele está com uma aparência péssima (suspiro profundo). Mas Jesus vai até ele, ajoelha-se do seu lado e coloca as mãos sobre o garoto. Seu rostinho está virado para cima e as lágrimas escorrem por sua face (ela mesma estava quase aos prantos enquanto descrevia a cena). Mas a criança percebe alguma coisa especial. Dá para ver isso.

Para mim, foi difícil manter-me objetiva. A narrativa era tão comovente que me senti de fato ali, na presença de toda essa emoção profunda.

D: *Você conseguiu ver alguma coisa desta vez? Estava pensando naquela luz.*
A: Oh. Eu vi... parece que sempre vejo a luz. Talvez não tão forte quanto antes. Apareceu algo muito forte para aquele homem idoso. Mas vejo sempre um pequeno brilho saindo das mãos do Nazareno quando ele põe as mãos sobre a pessoa. Desta vez, vi o brilho quando ele colocou as mãos na cabeça, no coração e na perna do menino. Mas também vejo o brilho, aquele brilho dourado, ao redor da cabeça de Jesus... como um pequeno meio círculo.
D: *Esse brilho está sempre lá?*
A: Não, nem sempre. Aparece às vezes quando ele está com alguém, ou às vezes eu o vejo quando ele está olhando para mim. Mas nem sempre aparece.
D: *Aconteceu alguma coisa quando ele colocou as mãos sobre esse garotinho?*
A: Ele ficou mais calmo. A impressão é que isso sempre acalma as pessoas. Mas foi o que vi.
D: *Então, nem sempre acontece um milagre todas as vezes que ele faz isso? Como você definiria um milagre?*
A: Creio que o fato da dor diminuir e da pessoa ficar em paz pode ser chamado de "milagre". Mas você não vê essas pessoas tão doentes se levantarem e saírem andando ou com os corpos recompostos. O milagre é o amor e a paz que este lhes traz. E se for para eles melhorarem, é o que vai acontecer. Ouvi casos em que algumas dessas pessoas nunca pegam a doença. E às vezes ela some e elas não sabem a razão. Mas geralmente ela progride, e então tudo que se pode fazer é abrandar a dor.
D: *Então, isso assume formas diferentes para pessoas diferentes.*
A: Sim. E às vezes, se a energia dele é aceita... talvez seja o fato das pessoas terem mais fé ou mais força nas coisas que sentem vindo dele, talvez essas pessoas tenham mais facilidade. Mas ele me

116

disse que todos têm sua hora de voltar para a Fonte. Talvez fiquem um pouco neste corpo físico, e por isso é difícil saber.

D: *Faz sentido. Ele tem alguma explicação para as pessoas precisarem sofrer desse jeito?*

A: Ele acredita que faz parte do progresso do indivíduo. Quando você vê as pessoas com tanta dor, sendo devoradas pela doença, é bem difícil explicar. Mas ele sabe que há razões para tudo e que aprendemos lições em tudo que fazemos, de modo que nada acontece por acaso. Talvez tenham criado esse aprendizado numa época anterior, quando caminharam pela terra noutra forma. É por isso que às vezes as pessoas que sofrem ou que estão doentes podem ir embora antes das outras; a lição acabou.

D: *Ele acha que os seres humanos já viveram noutras formas?*

A: Ele não diz isso exatamente dessa maneira, ele diz, "Quando estiveram aqui antes. Quando aprenderam lições no passado". Ele diz isso de maneiras diferentes. Mas você entende que ele acredita que visitamos esta terra mais de uma vez, tanto para aprender quanto para servir. E que estamos numa missão de Deus sempre que voltamos. Isso nos ajuda a aprender e a nos aproximarmos daquilo que nós, como pessoas, deveríamos ser. Portanto, não existe separação.

D: *Isso é a mesma coisa que a sua religião ensina?*

A: Não. Nunca ouvi, no meu histórico, coisas como as que ouvi dele. Contudo, quando ele fala, tudo parece tão claro, tão correto, tão familiar. Sei que ele estudou em muitos lugares, com muitos professores sábios. Por isso, ele aprendeu muitas coisas.

D: *Sim, muito mais do que a média dos rabinos.*

A: Sim. Eles não querem saber de nada que é novo. Por isso, ele segue seu próprio caminho e divulga suas próprias crenças.

D: *Talvez seja essa uma das razões pelas quais ele nem sempre concorda com o Templo.*

A: Sim. E os rabinos ficam sofrendo, com medo que suas crenças sejam abaladas, que sua autoridade e seu poder sejam questionados. E ele consegue fazer isso de tal maneira que não precisa ser nem poderoso, nem violento. Por isso, aprendi que há muitos tipos de medo e que não podemos enxergar com clareza ou sentir a verdade ou a luz. Precisamos arrancar cada uma das camadas do medo. E creio que isso deve levar muitas vidas.

117

D: *Então, compreendo que os rabinos devem ter medo dele. Uma pessoa mediana não questionaria a autoridade deles, não é mesmo?*

A: Não, pois você é criada com esse ensinamento, "Esta é a verdade. Esta é a Lei, e você não pode questioná-la ou transgredi-la".

D: *Como ele os questiona, devem considerá-lo uma pessoa muito incomum.*

A: Sim. A maioria deles, não todos. Há alguns que são mais sábios e bondosos. Eles o apoiam, mas não vão contra ele.

Voltei à cena que ela estava vendo.

D: *Ele faz mais alguma coisa na casa, com as crianças?*

A: Ele está visitando e depois elas vão sair e ficar sentadas com ele perto da fonte. Pelo menos, aquelas que conseguem caminhar com ele.

D: *Isso é muito bom. Você fez alguma coisa nesse dia?*

A: Bem, eu acompanhei a mulher mais velha numa de suas (não teve certeza da palavra) tarefas e ajudei-a com as bandagens e a misturar os pós. Ajudei-a a limpar e a deixar as pessoas mais confortáveis.

D: *Então, você não ficou com Jesus o tempo todo. Há muitas outras coisas a se fazer. Parece que você está fazendo aquilo que queria. Você está contente por ter vindo ou está arrependida?*

A: Oh! Estou muito contente. Era isto que eu deveria fazer. Tenho toda certeza disto. Não tenho desejo algum de fazer outra coisa. Como disse, se ficasse na casa dos meus pais, tivesse me casado e tentado constituir uma família, teria desapontado muita gente. Se você contraria seu coração e sua intuição, isso acaba pegando você. Aí, é preciso encarar a situação e geralmente todos acabam sofrendo. Por isso, é melhor ser sincera e até causar um pouco de dor no começo. Mas conhecer a sua verdade e saber onde você deveria estar é sempre o melhor.

D: *Eu pensei que como você é uma jovem que não conhecia muito bem o mundo, teria dificuldade para ver pessoas sofrendo dessa doença tão horrorosa.*

A: É difícil, porque nem na minha imaginação pensei que seria assim. Mas tenho a forte sensação de que estou sendo necessária e útil. E o ato de me doar, como de receber, me satisfaz. Não preciso de mais nada.

D: *Isso é bom, pois muitas jovens iriam querer voltar para casa depois de ver coisas como essas.*

A: Não. Eu quero ir além. Quero facilitar a vida dessas pessoas de toda maneira possível.

D: *Isso é muito admirável.*

A: Não. Não sei como explicar isto. Eu não poderia ter feito outra coisa nesta vida. Preciso disto. Preciso disto tanto quanto aqueles a quem posso ajudar, pois nada mais me preencheria.

D: *Muito bem. Vamos avançar até os próximos dias e ver se acontece alguma coisa de que você queira falar enquanto está na aldeia. Algum evento, alguma coisa que Jesus faça e que você queira comentar. Há algum incidente?*

A: Vejo um momento mais agradável no qual estamos reunidos ao redor da fonte. É um dia muito agradável e ele reuniu muitas pessoas da aldeia perto dele. Vejo-o ali em pé, com as mãos erguidas, falando. Ele pega um pequeno copo com água... e o oferece a uma das mulheres que estão sentadas. Ela bebe a água. E ele põe as mãos sobre a cabeça dela. E diz, "Minha irmã, a luz de Deus está em você. Esta energia está fluindo através de você. Você vai encontrar força e vai se livrar desta doença. Pois você será necessária noutra atividade". E vejo a mulher sentada ali, em transe... sinto uma brisa fresca... E me lembro do tempo passando. Ele ficou sentado diante dela. Vejo suas mãos levantadas assim (ela levanta as mãos com as palmas viradas para fora). Vejo aquele brilho em seu coração, ao redor de sua cabeça e em suas mãos, no centro das palmas. Ela abre os olhos. E sua aparência está diferente, mais calma... E ela está chorando. Ela pega a mão dele e a beija, agradece a ele, pois sabe que houve uma mudança. Ela diz que ouviu uma voz falando com ela. E ela sabe que seu lugar é na aldeia, para ser treinada como médica a fim de ajudar a curar e a reconfortar aqueles que precisarem dela.

D: *Você acha que ela foi curada da doença?*

A: Sei que para mim ela parece estar diferente. Há alguma coisa visível em sua aparência. Seu olhar está calmo. Há um brilho diferente. Aconteceu uma mudança, mas não sei dizer o que foi. Sei que suas pernas estavam afetadas, mas não sei se era algo muito grave. Veremos. Mas esta não é a mesma pessoa.

D: *Fiquei interessada em saber se houve algum sinal visível de mudança na doença.*

A: Lembro-me que era nas pernas e que ela tinha dificuldade para andar. Mas não a vi levantando-se ou se movendo. Ela está sentada no mesmo lugar, beijou as mãos dele e vejo as lágrimas escorrendo. São lágrimas de amor e de felicidade. Mas seu rosto tem uma aparência diferente. Alguma coisa mudou definitivamente a pessoa. Acho que as mudanças físicas demoram para ocorrer; nem sempre acontecem de imediato. O que aconteceu na mesma hora foi sua aparência totalmente diferente. O olhar pacífico, o brilho.

D: *Talvez a mudança física ocorra lentamente, ao longo de um período maior.*

A: Já ouvi dizer que isto acontece. E estou esperando que aconteça com ela.

D: *Então, às vezes ele não remove apenas a dor. Ele atua de diversas maneiras.*

A: Sim. Ele diz que todos têm seu próprio propósito, seu próprio plano. E estas pessoas precisam de toda a força umas das outras para seguirem em frente. Se puderem ver que dentro de sua própria aldeia as pessoas podem se recuperar e ser úteis, isso, em si, é uma cura para os outros.

D: *Sim, é verdade. Então, você acha que ele consegue enxergar o caminho de cada um?*

A: Creio que ele consegue, às vezes, ou então, quando toca as pessoas, obtém imagens claras, pensamentos claros. E no mesmo instante ele sabe o que elas deveriam estar fazendo. A clareza aparece.

D: *Ao que parece, ele pôde dizer que esta mulher deveria estar fazendo outra coisa.*

A: Sim. Não vejo isso acontecer sempre. Às vezes, acontecem coisas e nem ouvimos falar disso. Não existe um plano. As coisas acontecem em momentos variados; não existe um padrão regular.

D: *Depois que você sai, pode acontecer alguma coisa e você nem fica sabendo. É isso que você está dizendo. Certo. Vamos avançar até outro incidente que aconteceu enquanto você esteve lá. Aconteceu alguma outra coisa interessante?*

A: (Pausa) Bem, isso foi muito especial. Mas eu... Ah, sim! Eu vi ele pegar as bandagens e os pós e colocá-los no rosto de um homem cujas bochechas estavam sendo atacadas. Ele fez isso e depois manteve as mãos sobre o rosto e rezou. E quando voltamos no dia seguinte para ver como esse homem estava, a mudança foi... (suspiro) É difícil falar sobre isso porque não pareceu real. (Extasiada) Foi... como se seu rosto tivesse se recomposto. A doença ainda estava ali, mas nunca vi os pós funcionarem dessa maneira quando as mulheres os usam. Sempre ajudam. Sempre amenizam a dor, e, especialmente quando é uma infecção grave, podem fazer grande diferença. Mas esse homem estava mexendo a boca e bebendo sem sentir dor, e... sua aparência tinha mudado, como aquela mulher. Acho que às vezes o Nazareno sabe que... talvez ele receba um pensamento ou uma imagem clara. Talvez ele saiba que, embora seja esse o caminho daquele homem, ele já progrediu muito espiritualmente. Talvez, de algum modo, a energia de seu coração, conectada com o Nazareno, seja tão forte que afeta o físico. E o rosto desse homem se recuperou, embora a doença ainda estivesse lá. Ele foi capaz de mexer e de usar a boca, isso tudo sem nenhuma dor. Foi um grande milagre. São todos milagres. Acho que tudo poderia ser um milagre.

D: *As coisas não acontecem sempre da mesma maneira.*

A: Não. E você se assusta – bem, não é isso, talvez não seja a palavra certa. Mas dizer que vi uma coisa dessas quase a torna menos real. Às vezes, se você ficar quieta a respeito, sabe que está tudo bem, e que vai ficar do jeito que você viu.

D: *Porque é muito difícil acreditar nisso.*

A: Mas foi tão... especial.

D: *Será que todos com quem ele entra em contato melhoram, ou há pessoas que não melhoram nada?*

A: Acho que todos se aliviam. Ah, nem sempre dura. Mas você percebe que a dor diminui quando ele as visita e as toca. É raro ver que a doença mudou, mas elas sempre se sentem melhor, mesmo que seja por pouco tempo.

D: *Queria saber se há pessoas que não melhoram nem um pouco.*

A: Ah. Creio que pode haver, mas nunca vi isso. Vejo-o colocar as mãos sobre as pessoas e conversar com elas. Parece que houve alívio, mesmo que não dure muito.

D: *Então, todas se beneficiam em maior ou menor grau. Vocês ficaram sete dias na aldeia, conforme esperavam?*

A: Sim. Ficamos sete dias lá.

D: *E o que vocês fizeram depois?*

121

A: Estamos indo para outra aldeia.

D: *Fiquei pensando que vocês iriam voltar para casa.*

A: Não. Acho que desta vez a viagem vai continuar por outros três períodos de sete dias. Há certas regiões que ele quer visitar.

D: *Você sabe alguma coisa sobre o que vão encontrar nesse próximo lugar?*

A: É uma aldeia onde ele tem muitos seguidores. Onde lhe pedem para visitar, dar palestras e dizer sua palavra.

D: *Fica muito longe?*

A: Deixe-me ver... são dois dias.

D: *Você ouviu os nomes de alguns homens do grupo que o estão acompanhando desta vez?*

A: Sim. Tem... João, Ezequiel e Jeremias... Davi (faz pausa enquanto pensa). Não tenho certeza.

D: *Agora que você tem ficado entre eles, imaginei que saberia alguns de seus nomes. Você me disse o que as mulheres fazem. Qual a atividade dos outros homens nesse período?*

A: Bem... eu não entrei em contato com muitas dessas pessoas. Acho que algumas ajudaram com consertos e construção, e outras são escribas e professores. Com outras, não passei tempo algum ou sequer as vi direito. Por isso... creio que elas têm deveres específicos, ajudam de forma diferente. Algumas ficam sozinhas e rezam ou estudam, e por isso não vejo todas o tempo todo.

D: *Isso faz sentido, porque deve haver muitas maneiras de ajudar numa aldeia onde todo mundo é doente. Não é possível realizar reparos e os homens podem ajudar. E se há professores no grupo, provavelmente ficaram trabalhando noutras partes da aldeia.*

Tudo isso pareceu muito prático. A interpretação das histórias bíblicas de Jesus e seus discípulos dá a impressão de que eles o seguiam de lugar em lugar, ouvindo-o e tentando aprender com ele. Para mim, esta versão parece-se mais com o que realmente devia acontecer. Seria sensato se Jesus se cercasse de pessoas com diversos talentos, pois assim poderiam ajudar as pessoas com quem entravam em contato de maneira prática. Afinal, todos estavam vivendo no mundo real, repleto de dificuldades. Também mostra que Jesus não esperava realizar milagres constantemente. Ele levava médicos e médicas para aplicar pós e poções de cura. Ele não ficava dependendo exclusivamente de seus poderes. A versão bíblica sempre o retrata como alguém onipotente, que não precisa de ninguém. Creio que ele era muito mais humano do que costumamos imaginá-lo. Se ele não precisasse de ninguém, também poderia consertar as casas sozinho, milagrosamente. Os discípulos e seguidores faziam o que podiam para ajudar e não ficavam sentados ociosamente, observando o mestre realizar suas obras.

D: *A impressão que tenho é que Jesus se cerca de pessoas de vários tipos em suas viagens.*

A: Sim. Geralmente, as pessoas também o procuram. Muitas sentem necessidade de ser úteis e de doarem seu tempo, fazendo o que souberem fazer melhor. Elas sempre parecem estar lá no momento certo, e ele fica com as pessoas de que precisa.

D: *João tem algum dever específico?*

A: Ele parece muito próximo de Jesus, e parece tentar ser olhos e ouvidos extras para ele. Ele mantém as coisas em ordem, e por isso as pessoas que precisam vê-lo conseguem vê-lo, e ele consegue ir às reuniões. João organiza muitas das atividades e encontros.

D: *Quer dizer que ele chega antes do grupo e organiza tudo?*

A: Às vezes ele faz isso, dependendo do tipo de viagem. Mas quando chegamos a algum lugar, parece que ele mantém a agenda organizada, procurando assegurar-se de que tudo será feito e chamando a atenção do Nazareno para as coisas que ele precisa saber.

D: *Então, ele sabe quando alguém quer se reunir ou se encontrar com o grupo.*

Esta era outra ideia prática que a Bíblia não mostra. João era parecido com um profissional de relações públicas. Jesus não podia ficar simplesmente perambulando de aldeia em aldeia; ele precisava que alguém fosse na frente e se assegurasse de que tudo estaria pronto, que tudo estaria seguro.

D: *A aldeia aonde vocês estão indo, que teria grupos de outros de seus seguidores, tem um nome? Você já ouviu alguém dizer como se chama?*

A: Parece com... Bar-el (ela repetiu e eu disse em voz alta depois dela).

123

D: E vocês vão estar lá em dois dias. Isso será diferente. Não haverá tantas pessoas doentes por lá. Bem, ele iniciou você mostrando o que havia de pior, não foi?

A: Sim. Mas por mim, tudo bem.

D: Talvez a sabedoria disso tenha sido essa, se você não suportasse, ele saberia na hora (ambas rimos). Algum problema se eu voltar para conversar com você? Gosto de ouvir sobre suas viagens e suas histórias. Eu também quero aprender.

A: Eu também.

D: E quero aprender o máximo possível sobre esse homem, e você também está me ajudando.

Então, trouxe Anna de volta à sua consciência plena. Deixei o gravador funcionando enquanto ela me falava das coisas de que se lembrava naquela sessão.

A: Lembro que as pessoas que não saram ou não melhoram não sentem raiva daquelas que se curam. Agora, com a memória ainda clara, estou tendo uma sensação muito forte sobre isso.

D: Não havia ressentimento?

A: Não. E por algum motivo, esse pensamento simplesmente apareceu na minha cabeça, porque agora estou achando isso fora do comum.

D: Bem, toda essa coisa é fora do comum! (riso).

A: Para as pessoas que entravam em contato com ele, talvez fosse suficiente conhecer aquele conforto, aquela sensação de saciedade... mesmo que durasse pouco. E talvez o contato com esse sentimento lhes desse alegria suficiente para não sentir alguma mágoa que poderiam sentir pelos outros.

D: Isso mostra que tudo que ele fazia era contrário à natureza humana.

A: Estou tentando comparar isso com outras regressões que já fiz. É a mesma coisa, mas isto é muito mais... envolvente e emocional, creio. Quem sabe, um pouco disso esteja ficando em mim. Acho que cada regressão me ensinou uma lição a respeito de alguma coisa. Sinto-me muito bem com esta, porque ela foi muito clara. Quer dizer, para mim esse homem era real. E vou lhe dizer mais, quando eu olhava nos olhos dele – ainda sinto isso – eu ficava totalmente preenchida. Nunca senti nada assim antes, sentir-me

124

completamente tomada pelo contentamento e pelo amor. Sempre houve esse pequeno espaço vazio em mim, e ele sumiu.

D: *Ele não está mais aí?*

A: Bem, ele some quando estamos trabalhando. Ele não sumiu nesta vida. Mas... sempre houve esse espacinho vazio e incômodo. Quando eu estava com ele e olhava em seus olhos, era a emoção mais completa que poderia ter.

Embora Anna se expressasse de maneira diferente, ela estava, em essência, descrevendo a mesma emoção que Mary havia sentido. Ao que parece, Jesus exercia esse efeito maravilhoso sobre as pessoas.

A: Quando estou na regressão, é muito natural estar lá, mas quando acordo é a última coisa em que eu pensaria. Estou me sentindo realmente muito emocionada, mas também limpa. Quer dizer, estou me sentindo muito relaxada.

D: *Bem, não dá para desejar sensação melhor.*

Esta sessão suscitou um ponto interessante: o fato de Jesus não curar todas as pessoas com quem se encontrava. Este conceito também foi apresentado em *Jesus e os Essênios*. Ele conseguia aliviar a dor e o sofrimento da maioria das pessoas com quem entrava em contato, mas o alívio total dos sintomas e a recuperação completa da doença ou da deficiência eram raros. Em muitos casos, não se deu a cura e Naomi deixou claro que isso não estava sob o controle de Jesus. Estava relacionado com o karma e o destino da pessoa nesta vida. Nem ele podia ir contra as forças superiores que controlam essas coisas.

Capítulo Oito

A aldeia no Mar da Galileia

NA SEMANA SEGUINTE, quando começamos a sessão, regredi Anna (como Naomi) até a época em que ela estava viajando com Jesus.

D: *Vamos voltar ao ponto onde você saiu da aldeia dos leprosos com o Nazareno e o restante do grupo, nessa primeira viagem que fez com ele. Vocês estavam indo para outra aldeia, onde, segundo você disse, ele iria se encontrar com outros seguidores. Vou contar até três e estaremos lá. 1... 2... 3... estamos chegando na segunda aldeia dessa viagem com o Nazareno. O que vocês estão fazendo?*

A: Estamos chegando numa aldeia à beira de um lago, o Lago Kennaret (fonético), e vamos nos encontrar com seus seguidores, aqueles que acreditam neste modo de vida, nestes ensinamentos. Nossa estadia aqui, pelo que entendi, será principalmente para divulgar a palavra e reforçar nossos números.

Escrevi o nome do lago foneticamente. Mais tarde, quando tive a oportunidade de consultar um mapa no dorso da minha Bíblia, encontrei o Lago Kinneret, também chamado de Mar de Genesaré ou Chinnereth, algo muito próximo da grafia fonética que anotei. Para mim, isto foi notável. É um nome judeu do Mar da Galileia. Nunca conheci este lago por outros nomes. Descobri, em minhas pesquisas, que em hebraico e em aramaico, "yam" pode tanto ser mar quanto lago, e que a tradução grega da Bíblia imita isso.

Anna estava com dúvidas quanto à validade do estranho material que saía de seu subconsciente durante essas sessões. Depois de fazer esta descoberta, contei-a a ela e ela também não identificou o nome Kinneret. Eu lhe disse que era o antigo nome do Mar da Galileia. Então, ela perguntou com uma expressão séria, "O que é o Mar da

Galileia?" Isto foi totalmente inesperado. Fiquei momentaneamente baqueada, pois percebi a importância de sua pergunta. Todo cristão conhece esse topônimo bíblico porque ele está muito associado à vida de Jesus. Isto mostrou, acima de qualquer dúvida, que Anna não tinha sequer um conhecimento rudimentar da vida dele ou do Novo Testamento. Depois que expliquei isso, ela se sentiu melhor, pois parece ter lhe dado a prova de que precisava para se convencer, de uma vez por todas, de que essas informações não estavam saindo de sua própria mente.

D: *A maioria dos moradores dessa aldeia acreditam nele ou aqui vocês também terão de ser discretos?*
A: Há um bom grupo aqui. Precisamos nos manter razoavelmente discretos, mas podemos nos sentir seguros. A cidade é bem pequena e parece que seus moradores pensam de forma bem similar. Por isso, podemos nos sentir seguros aqui.
D: *Não será perigoso encontrarem-se abertamente?*
A: Não, pois parece que há um entendimento aqui. Na aparência, é apenas uma cidade pequena, mas eles são muito cautelosos com relação aos ensinamentos.
D: *Alguém lhe disse o nome da cidade, se é que ela tem nome?*
A: Esta é a aldeia do Lago Kinneret.
D: *É esse o nome pelo qual ela é conhecida? Vocês vão a algum lugar específico da aldeia?*
A: Sim. É uma área próxima do lago. Primeiro, vamos nos lavar no lago. Esta limpeza é tão necessária para o corpo quanto para o espírito. Numa parte da margem, há pequenos penhascos. E nesses penhascos, há salas de reunião. Nem todos as conhecem, pois elas têm fachadas falsas. É lá que iremos para nossa reunião, mas parece que vamos ficar nas margens do lago.

Mais tarde, pesquisei sobre esta área próxima do Mar da Galileia. Há muitos lugares onde montanhas e penhascos se erguem praticamente desde a beira do lago. Isso se aplica particularmente a Magdala (lar de Maria Madalena), onde a estrada litorânea serpenteia ao longo da íngreme encosta da montanha. Na região de Arbeel, encontram-se cavernas que tinham o histórico de servir de esconderijos para criminosos ou refugiados políticos na época de Cristo. Algumas delas eram cavernas naturais que foram ampliadas para serem usadas como refúgios e algumas estavam em partes tão altas dos penhascos que seria virtualmente impossível serem descobertas por soldados.

Durante a época de Cristo, a Galileia foi uma das áreas agrícolas mais férteis da Terra. Até 680 d.c., a região do Mar da Galileia possuía grandes florestas. Mas as árvores frutíferas louvadas pelo historiador Josefo reduziram-se hoje a restos miseráveis de sua antiga grandeza. Em sua maior parte, as florestas desapareceram e foram substituídas por esparsas condições desérticas em muitos lugares. Na época de Jesus, o vale tinha um clima quente e depressivo nos arredores do lago, pois as brisas marítimas eram cortadas pelas montanhas. No inverno, as colinas e margens eram verdes, mas no longo verão a triste aridez se espalhava por toda parte.

Já foi provado que as pessoas podem fazer uma viagem a pé desde Jerusalém até o Mar da Galileia em três dias. O vale deve ser evitado durante o verão por causa do calor excessivo. Normalmente, as viagens eram feitas no inverno e no começo da primavera, quando o clima estava cálido e era possível dormir ao relento. Em todas as estações, o Vale do Jordão seria uma rota desejável para pessoas que não queriam ser vistas nas cidades por medo do governo ou por outras razões.

A Bíblia afirma que Caná, na Galileia, era um dos lugares prediletos de Jesus. Os historiadores acham que Caná era adequada como centro para qualquer um que quisesse organizar rebeliões e tinha inimigos poderosos em cidades maiores; portanto, não podia se estabelecer permanentemente em nenhum lugar. Esta seria outra razão para as perambulações de Jesus. Era perigoso ficar em qualquer lugar por muito tempo, a menos que ele tivesse certeza de que estaria seguro ali.

Histórias de seus feitos espalharam-se rapidamente desde a Galileia para toda a Palestina. Sabia-se que a Galileia tinha conexões com todas as partes da Palestina, e por isso as informações sobre Jesus chegavam rapidamente a todos os cantos daquela terra. Assim, os poderosos de Jerusalém iam sendo informados das atividades desse subversivo, mas não sentiam necessidade de detê-lo enquanto ele ficasse distante das cidades maiores. A menos, claro, que ficasse óbvio que ele estava inspirando uma rebelião.

As pesquisas revelaram que havia literalmente centenas de pequenas cidades e aldeias nessa região que não foram registradas pela história ou que notícias sobre elas nunca tenham chegado até nós. Na época de Cristo, havia muitas cidades grandes que nunca foram mencionadas pela Bíblia, e por isso não deve nos surpreender o fato dessas menores terem desaparecido da vista e dos registros. Creio que esta descrição histórica do Vale do Jordão e do Mar da Galileia encaixa-se precisamente com os lugares descritos por Naomi.

D: *Achei que vocês iriam para a casa de alguém.*

A: Creio que acharam melhor fazer isso por segurança. Sabe, quando somos apenas um punhado de pessoas, podemos fazer isso. Mas nosso grupo é grande.

D: *Creio que você me disse que João vai na frente e organiza tudo.*

A: Sim. Penso que quando eles começam uma viagem, já têm uma ideia razoável do destino de cada uma. Eles podem até se desviar do caminho de vez em quando, dependendo da importância. Mas geralmente João deixa tudo preparado para que as coisas transcorram com a maior suavidade e segurança.

D: *Então, vocês vão se reunir numa das salas desse penhasco. Quando vai acontecer essa reunião?*

A: Parece que essa reunião vai acontecer amanhã logo cedo. Esta noite nós vamos relaxar e ao amanhecer nos reuniremos.

D: *Vocês têm problemas para obter comida?*

A: Não. Dão-nos comida e trouxemos algumas provisões. Tentamos não ser um fardo para ninguém. Aceitamos quaisquer presentes que queiram nos dar, na forma de alimentos e abrigo, mas podemos ser autossuficientes.

D: *Então, vamos avançar até a manhã dessa reunião. Diga-me o que está acontecendo.*

A: Somos levados até uma sala. Eles cobriram a entrada de um dos penhascos com pedras e árvores. Fizeram um trabalho muito bom. E agora, vejo este penhasco se abrir. Há algumas esteiras de palha no chão e velas. Há ainda bancos e mesas de madeira. O grupo parece ser razoavelmente grande. Pelo que vejo, são aproximadamente umas quarenta pessoas. Isso é bom, vejo tanto homens quanto mulheres.

D: *A sala acomoda todo mundo sem que fique lotada?*

A: Sim, é uma sala grande. A abertura engana... mas depois que se entra vê-se que é uma sala grande. Eles a deixaram bem segura, cobriram a entrada com diversos materiais para deixá-la assim.

129

Parece haver um pequeno corredor e talvez haja salas menores mais para dentro.

D: *É uma caverna natural ou...?*

A: Sim. Ao que parece, só tiraram a terra acumulada. E havia uma sala... natural aqui. Depois, um pequeno caminho natural... e parece que há algumas salas menores nos fundos.

D: *Provavelmente não há janelas, mas vocês têm velas.*

A: Certo.

D: *E todas essas pessoas vieram ouvi-lo falar. Pode me dizer o que está acontecendo? Eles estão realizando alguma cerimônia ou procedimento?*

A: A pessoa que está encarregada desta reunião mostra muita preocupação pelo bem-estar do Nazareno. Pois estão recebendo notícias dos mensageiros, dizendo que seus ensinamentos estão se espalhando por todos os cantos. E que o governo está ficando... inquieto.

D: *Eles não gostam da popularidade dele?*

A: Isso. E nem gostam da ideia de que as pessoas podem pensar sozinhas e escolherem seus próprios caminhos. Há pessoas que não gostam muito dele, seja no Templo, seja no governo. Este grupo está mostrando sua preocupação e vendo como podem dar continuidade ao trabalho dele. Mas ele se levanta e fala, e diz que não devem temer, pois ele está trilhando o caminho dirigido por Deus, o caminho do coração. E ele não receia nada. O único medo que ele pode ter é o de não conseguir ensinar e tocar todas as pessoas que ele precisa ensinar nesta vida.

Isso tudo foi dito lentamente, com pausas, como se ela o estivesse ouvindo falar e repetisse as palavras em frases curtas.

D: *Então, ele não tem medo desses rumores e nem dessas pessoas que estão contra ele?*

A: Não. Isso não fará diferença alguma na maneira como ele vive, pois ele sabe que caminha com Deus. E Deus cresce desde o interior. Aquela luz eterna não está apenas no Templo; a luz eterna está no coração. E essa chama eterna nunca morre, mesmo quando deixamos o ser físico. Por isso, ele vai continuar a caminhar e a ensinar aquilo que ele acredita que seja o certo. Ele vai ensinar aquilo que considera sua razão para existir.

A luz eterna de que ela falou era uma luz que nunca se apagava, localizada no pátio interno do Templo.

D: *Mas, de qualquer modo, eles queriam avisá-lo.*

A: Sim. Parece que as coisas estão ficando tensas, e volta e meia ouvimos rumores como esse. Depois, as coisas se acalmam um pouco. E, como você sabe, o governo é bem inconstante. Quando eles ficam muito preocupados, simplesmente inventam um novo imposto.

D: *(Riso) É a resposta deles.*

A: Sim, é a maneira de ferirem e manipularem. Se alguma coisa especial estiver acontecendo, ou se uma batalha tiver sido vencida, eles ficarão preocupados. As coisas vão amainar, pois o foco estará noutra coisa.

D: *E os sacerdotes acompanham aquilo que o governo diz?*

A: Os sacerdotes? Os sacerdotes e os rabinos divergem. Os sacerdotes romanos, sim. Os rabinos fazem aquilo que precisam para sobreviver, mas não apoiam nem o governo, nem o Nazareno. Por isso...

D: *(Riso) Estão no meio. Provavelmente, pensam que é o lugar mais seguro. Bem, há outros preparativos ou ele vai falar?*

A: Agora, ele está falando. E... fala com o coração aberto. Ele vai ficar por aqui um pouco, e esta aldeia parece ser um contato. Aparentemente, há muitos seguidores sinceros nela, que vão receber suas tarefas e trilhar seus próprios caminhos. Este é um lugar seguro, relaxa-se um pouco, comunica-se e depois saímos novamente. Este grupo parece ser capaz de difundir seus ensinamentos, mas eles também podem se infiltrar noutras áreas e serem aceitos como romanos ou o que quer que precisem ser a fim de proteger seu professor.

D: *Então, estas pessoas conhecem seus ensinamentos e ele não precisa explicá-los muito para elas.*

A: Certo. São seguidores, seguidores dedicados.

D: *Então, o que ele está lhes dizendo é principalmente aquilo que quer que eles façam?*

A: Sim. Mas eles também têm tempo para preces e comunicações, e as lições nunca terminam. Eles interagem dessa maneira.

131

D: *Queria saber se ele lhes disse alguma coisa importante, algo que você ainda não soubesse.*

A: Ah, não, creio que ele os está tranquilizando, dizendo que eles não devem ter medo. Aconteça o que acontecer, faz parte de sua razão para estar vivo. E aconteça o que acontecer em sua vida ou com ele, haverá uma lição a ser aprendida, uma lição que vai bem além do que parece ser na superfície. Ele também está tentando lembrá-los de que devem encontrar forças em seu próprio Deus interior, olhando através do coração e servindo as pessoas, homens e mulheres.

D: *Como ele está vestido nessa viagem?*

A: Com seus trajes costumeiros.

D: *Alguma cor específica?*

A: Ah, as cores são simples. Principalmente castanho. De vez em quando, ele usa uma roupa com uma faixa que percorre a barra do traje, o capuz, as mangas e a barra. Do contrário, é bem simples.

D: *Então, ele está vestido mais ou menos como os demais?*

A: Ah, sim.

D: *Mas estão todos reunidos aqui hoje para decidir o que vão fazer e para receber instruções, digamos.*

A: Sim. E para atualizá-lo sobre os progressos sendo feitos. Isso será tudo.

D: *Que progressos foram feitos? Alguma coisa em especial?*

A: Parece que eles têm viajado em pequenos grupos. Se eles ouvem falar de um lugar onde pode haver pessoas interessadas nos ensinamentos, eles vão até aquela região. Se há alguém precisando de ajuda ou que está sofrendo injustiça, eles vão lá. Eles encontram maneiras de usar a rede subterrânea ou de ajudar as pessoas da melhor forma possível.

D: *Então, eles fazem mais do que simplesmente difundir os ensinamentos.*

A: Sim. Pois um dos principais ensinamentos é ter amor pelos outros seres humanos, tratando-os tal como queremos ser tratados. Há muitos abusos sendo feitos.

Estava ficando óbvio que Jesus ensinava seus seguidores a realizarem trabalhos práticos pelas pessoas, além de divulgarem seus ensinamentos. Isso também foi comentado em *Jesus e os Essênios* – ou seja, ao contrário da versão bíblica, ele incentivava seus seguidores a deixá-lo e a seguirem sozinhos. Eles não esperaram sua morte. Eles fizeram isso para não se tornarem dependentes dele.

D: Ele vai ficar nessa aldeia por mais algum tempo?

A: Acho que ele gostaria de ficar mais uma noite, mas ele acha que devemos sair daqui. Por isso, creio que sairemos em breve.

D: Então, não aconteceu mais nada de importante nessa aldeia?

A: Não, a única coisa foi que devemos saber que eles espalham os ensinamentos. Ao que parece, eles sempre fazem isso, mas também fazem outras coisas. Podem usar algo para disfarçar aquilo que precisam fazer, mas vivem sempre segundo os ensinamentos.

D: Você sabe para onde ele vai a seguir?

A: Parece que vai a outra cidade. Me disseram que é... Giberon? (fonético)

O *Dicionário da Bíblia* relaciona dois lugares com nome parecido: Gibeá, uma cidade na região montanhosa de Judá, e Gibeon ou Gibeão, cidade real dos cananeus. Ao que parece, Gibeá descreveria com mais precisão a região pela qual estavam passando.

A: Parece que há mais seguidores lá, mas eles estão apenas começando a seguir o caminho. Ao que parece, onde quer que vá, ele procura fazer aquilo de que as pessoas mais precisam, sejam curas, sejam ensinamentos.

D: E as pessoas nessa aldeia próxima do lago eram os seguidores mais avançados. Isso está correto?

A: Sim. Mas mesmo lá, ele foi para prestar seu serviço e para ajudar as pessoas que o procuraram. A impressão, porém, é que nada aconteceu nessa reunião. Acho que eles estão indo muito bem. Não creio que deva haver algum problema ou sofrimento.

D: Então, tudo está funcionando como deveria nessa aldeia. E na aldeia seguinte, deve haver seguidores que estão começando e que ainda não estão muito seguros do que devem fazer. É isso mesmo?

A: Sim. E esta próxima aldeia parece ser um pouco maior. Acho que você pode chamar a aldeia do Lago Kinneret de pequena colônia. Agora, vamos para um lugar maior.

D: Demora muito para chegar lá?

A: Creio que estaremos lá à noite, segundo ele disse. Se não, no dia seguinte, logo cedo.

D: *Então, não é muito longe. João também organizou as coisas nessa aldeia?*

A: Creio que sim. Sim.

D: *João sempre vai a frente e você só o vê quando chegam lá? Se não, como é?*

A: Às vezes, é isso que acontece. Diria até que é o normal. Mas há ocasiões em que ele volta para nos levar para outro lugar, ou para dizer se alguma coisa mudou.

D: *Então, ele realmente vai na frente e organiza tudo.*

A: Sim, e depois nós tornamos a vê-lo quando chegamos lá.

D: *Vamos avançar até o momento em que vocês chegam na aldeia seguinte. Diga-me o que está acontecendo. Você disse que era uma aldeia maior?*

A: Sim. Vejo um poço no centro de uma praça grande. É uma área grande e as pessoas vão pegar água lá. Esta aldeia é como uma pequena cidade, com uma praça central e pequenos prédios. (Pausa) Disseram-me que talvez eu vá passar algum tempo aqui para ajudar e aprender. Ao que parece, vou trabalhar com alguém que já viajou com ele antes e que agora está servindo, digamos assim, nesta aldeia. Acho que podemos dizer isso. E eu deveria ficar estudando, ajudando a transmitir os ensinamentos e cuidando daqueles que precisarem. Devo ser uma assistente.

D: *E ele vai para outro lugar enquanto você fica aí?*

A: Sim. Depois, ele volta para me buscar. Mais tarde, ao que parece, ele vai precisar se dirigir a Jerusalém.

D: *Vai ficar mais alguém do seu grupo com você?*

A: Não onde eu vou ficar. De vez em quando, creio, dependendo das necessidades da aldeia ou da cidade, ele pode deixar alguns seguidores para assumirem certos papéis. Às vezes, eles ficam por um breve período, e outros acabam ficando permanentemente. Então eu acho, pelo que estou sentindo, que há alguns antigos seguidores nesta aldeia. Talvez estejam trabalhando em outras atividades, ensinando, curando ou apenas estando disponíveis para o que for preciso.

D: *E como você se sente pelo fato dele deixá-la ali?*

A: Sinto-me como se estivesse pronta para ficar num determinado lugar durante algum tempo. Se ele diz que é neste lugar que devo estar para poder aprender e ser útil, então parece-me correto estar aqui. Estou muito animada e muito consciente daquilo que ele me permitiu fazer e aprender com ele, mas parece muito natural que isto aconteça agora.

D: *Acontece mais alguma coisa antes de ele partir?*

A: Ele está conversando com alguns homens da aldeia. E eles estão programando a estadia dele em diversos lugares, ajudando-o a visitar aqueles que mais precisam dele. Depois, ele vai a uma reunião à noite. Sabe, muitas dessas pessoas que participam de seus ensinamentos, bem como seus seguidores, conseguiram construir grandes salas de reunião sob suas casas e assim eles não são descobertos.

D: *Então, ele vai conversar com seguidores que não têm muita experiência.*

A: Sim. Respondendo às perguntas. Geralmente, é então que ele espalha seus ensinamentos. Ou, se ele se sentir impelido a isso, vai falar sobre um assunto importante.

D: *Então, você quer avançar até a noite dessa reunião e me dizer o que está acontecendo?*

A: Fui apresentada à pessoa com quem vou trabalhar. Seu nome é Abrão (pronunciou isso com o "A" da primeira sílaba mais acentuado). Vou ficar na casa dele e aprender outros ensinamentos, mas também vou ajudar em qualquer coisa que ele achar que eu deva fazer. Coisas variadas, seja trabalhar com os doentes, com os idosos, com os órfãos ou simplesmente dando aulas.

D: *Ele a apresentou como Naomi ou como Natanael?*

A: (Sorriso envergonhado) Abrão... puxa, sei que isto é difícil. Sabe, agora estou num ponto em que me sinto quase tola por fazer isso. Acho que, para minha proteção, ele está me chamando de Natanael. Mas sei que ele disse a Abrão que na verdade me chamo Naomi. Por isso, creio que em breve haverá uma mudança e não vou precisar mais deste tipo de disfarce. Senti-me muito bem vendo outras mulheres naquela pequena colônia. Assim, nesta aldeia, posso ficar segura e ser quem sou. E estou crescendo, sabe, ficando mais velha e não me pareço tanto com os garotos. Por isso, acho que vou mudar.

135

Ficou óbvio que havia se passado mais tempo do que eu imaginava. Ela pode ter condensado semanas ou meses na narrativa, especialmente se os eventos fossem similares. Naomi estava amadurecendo e assumindo as características físicas de uma jovem mulher.

D: *Então, essa viagem levou mais do que alguns dias. É isso mesmo?*

A: Achei que levaria algumas semanas. Isso mudou. Nossas viagens vão mudar dependendo da necessidade e daquilo que João encontrar pela frente. Então, já se passou certo tempo, e creio que é por isso que estou me sentindo pronta para permanecer num lugar e receber responsabilidades durante algum tempo. Mas estou com treze para catorze anos e sinto que meu corpo está mudando. Não vou conseguir passar por garoto por muito mais tempo.

D: *Você não vai mais conseguir esconder isso.*

A: Não. Provavelmente, ele sabe que eu terei de reaparecer tal como eu era, e por isso este lugar não deve ser apenas um local de aprendizado, mas um refúgio seguro para eu fazer a minha transformação.

D: *Sim. E depois, quando ele voltar e vocês viajarem novamente, você será uma moça.*

A: E será uma coisa segura e eu vou me sentir bem. Provavelmente, haverá outras mulheres, e por isso minha presença será mais aceitável.

D: *Você se surpreendeu quando viu outras mulheres naquele outro lugar?*

A: Sim. Acho que quem é sincero e busca a verdade é aceito, mas tradicionalmente a maioria das mulheres é criada como a minha mãe. Parece que algumas se sentem tão fortemente atraídas por seus caminhos quanto eu me sinto pelo meu.

D: *Sim. A maioria das mulheres não aprende nada, não é?*

A: Sim, isso é muito, muito raro.

D: *É por isso que seria uma surpresa encontrar tantas mulheres. Imagino que isso não importa para o Nazareno, não é?*

A: Ele acolhe todos, pois vê as coisas de modo diferente. Ele vê as pessoas como pessoas. Quando você vive através do seu coração, percebe muito melhor as coisas que não importa se você é homem. Você é tão importante quanto qualquer um. Não é o corpo em que você está. É a qualidade da essência que brilha através desse corpo.

D: *Para mim, isso faz sentido. Bem, eles estão se reunindo numa dessas salas subterrâneas?*

A: Sim. Ele está dando as boas-vindas a todos. Creio que esta noite ele vai tentar mostrar que está caminhando por esta terra, tal como todos nós, num corpo de carne e osso. Contudo, aquilo que ele é, aquilo que ele pode fazer, todos nós somos e podemos fazer. Basta abrirmos nosso íntimo para a percepção disso, a aceitação disso. E ele acredita que quando reemergimos e vivemos através do coração, sabendo que Deus está em nós, que estamos conectados a esse Deus que envolve tudo, podemos compreender melhor as coisas. E então saberemos que podemos nos curar e curar os outros, seja ou não de algo emocional. Ele diz que vamos conhecer as possibilidades disponíveis para todos nós.

D: *Imagino que muita gente pense que ele é o único que pode fazer essas coisas.*

A: Sempre que é questionado sobre isso, ele se esforça para fazer as pessoas entenderem que não, que ele é feito do mesmo jeito que os outros. A única diferença é que ele percebeu as possibilidades humanas e não há outras diferenças. Ele se veste como o homem comum. Não deseja nada especial. Ele quer que as pessoas saibam que, na verdade, não existe diferença, e que as leis de Deus tornam-nos um só. O importante é vivermos através do coração, servindo e cuidando uns dos outros.

D: *Naturalmente, porém, ele teve um treinamento para aprender a perceber melhor as coisas, não teve?*

A: Sim, mas seu treinamento fez com que ele percebesse que as coisas não devem ser mantidas sob tanto segredo, indisponíveis para as pessoas comuns. Ele acha que isso não está certo. Ele acredita que o amor e as leis de Deus são para todos, e portanto é isso que ele está tentando disseminar. Creio que ele está apenas interpretando aquilo que aprendeu e passando para as pessoas comuns.

D: *É, pois muitas pessoas acham que esses ensinamentos são apenas para poucos e não para todos.*

A: E isto causou muitos conflitos noutros níveis da sociedade. Eles acham que seu poder, seu domínio, está sendo retirado. Se a pessoa comum descobrir que pode pensar sozinha, pode trilhar seu próprio caminho e ser boa e justa, isso vai remover seu controle.

D: *Então, você acha que alguns sacerdotes sabem essas coisas mas tratam-nas como conhecimento sagrado?*

A: Acho que deve ser esse o caso. Porém, não sei como eles o interpretam. Todos podem ter acesso a esse conhecimento, mas é importante saber a interpretação apropriada.

D: *É por isso que eles não aprovam aquilo que ele está fazendo. É como se estivesse contando os segredos deles para todo mundo. Provavelmente, pensam que a pessoa mediana não é digna de conhecer muitas dessas coisas.*

A: É por isso que ele nos preenche com amor e contentamento: ele se esforça para passar a mensagem de que somos todos iguais. Estamos todos aqui para servirmos uns aos outros. Deveríamos nos tratar tal como gostaríamos de ser tratados, e estarmos presentes quando alguém precisa realmente de nós.

D: *As pessoas estão fazendo perguntas?*

A: Algum seguidor perguntou o seguinte, se eles divulgam seus ensinamentos e sentem que estes devem ser para todos e para as pessoas comuns, como eles podem se proteger? Como podem realmente fazer isto? Para eles, é difícil chegarem ao ponto de não terem medo.

D: *Sim, é uma emoção bem humana. E o que ele disse?*

A: Ele falou sobre a paciência e disse que devem lembrar que, se não caminhamos com medo, a luz eterna interior vai ficar cada vez mais luminosa e todos esses vínculos do medo serão rompidos. Mas temos de descobrir isso pessoalmente. E que a pessoa sábia deve proceder com cautela, sem ter medo da verdade e do trabalho de divulgação.

D: *Mas esse é um medo bem real, pois aquilo que estão tentando fazer é perigoso.*

A: É. Mas se você for cautelosa e souber que esta informação está sendo solicitada, as palavras penetram lentamente. Quando você vê aquele pequeno brilho, nem precisa das palavras para saber que as mudanças estão acontecendo. A impressão que dá é que as pessoas vêm até você e lhe fazem perguntas. E pela pergunta você vai saber se está sendo útil para alguém. Isso, em si, faz parte da comunicação não verbal, mostrando às pessoas que você se interessa por elas. Cuida, ajuda e não pede nada em troca.

D: *Mas posso entender porque sentem esse medo. Alguém mais perguntou alguma coisa?*

A: Um homem também disse que para ele era difícil compreender como ele poderia ser igual a Jesus. E este foi até essa pessoa e lhe pediu para sentir suas mãos e seu corpo, para ver que ele é de carne e osso. E para saber se o desejo e a intenção estão presentes (sorriso amplo)... Oh, é lindo ver isso, pois dá para ver o amor saindo do rosto dele até essa outra pessoa. É como se essa pessoa estivesse hipnotizada e nem precisasse de palavras. O Nazareno passa o entendimento de que não importa o seu passado; se você obtiver esses sentimentos e revelações em algum momento de sua vida, estará tudo certo. Tudo certo, pois o momento é da maior importância.

D: *O que esse homem quis saber, provavelmente, era como ele poderia ser igual a Jesus, que faz todas essas coisas maravilhosas.*

A: O Nazareno lembra o homem que ele também pode fazê-las.

D: *Essa é a parte difícil de acreditar. Ele ensinou essas pessoas, ou as pessoas do seu outro grupo, a realizar curas?*

A: Algumas. Mas é um processo muito lento e cuidadoso, pois antes a pessoa precisa se curar. E se alguém recebe demais, então não funciona da maneira como a pessoa esperava. O excesso de lições pode confundir. A pessoa regride ou se detém. Portanto, é preciso ser cauteloso e dar-lhes apenas aquilo que estão prontas para aprender.

D: *Sim, se você der informação demais, elas não vão entender.*

A: E podem ficar muito frustradas. Você também precisa aprender que não pode ter expectativas. Precisa aprender a ter fé. Nem sempre podemos traduzir tudo em palavras.

D: *Sim, é verdade. Quando ele diz que você precisa se curar primeiro, o que ele quer dizer?*

A: Quer dizer que você precisa compreender que você é um ser da perfeição. Você é a essência do amor de Deus. É difícil explicar isto, mas é um sentimento abrangente de calor e de amor, de saber que é bom ser você. Você é perfeita do jeito que é. E aceitando essa compreensão e esse amor, você pode transferi-los para os outros.

D: *Então, sem esse amor-próprio, digamos, você não conseguiria transmitir os outros ensinamentos ou realizar as curas.*

A: Sim, pois as portas vão se abrir assim que você realizar sua própria cura interior. Assim, esse não é um processo rápido... de modo geral.

D: *Você já ouviu falar de algo chamado "parábola"? Já o ouviu usar essa palavra?*

A: (Sorrindo) Disseram-me que são bastante usadas na forma escrita. São histórias que têm dois significados. É disso que você está falando?

D: *Creio que sim.*

A: Elas são escritas de tal forma que apresentam um significado literal e também um significado mais profundo, caso você tenha conhecimentos para perceber isso. E esses outros significados contém uma verdade, uma verdade que é a verdade de Deus.

D: *Você disse que estavam na forma escrita. Você se refere a livros religiosos ou a quê?*

A: É o que me lembro das lições do meu pai e da palavra escrita dos Livros Sagrados que são lidos no Templo. E, quando você mencionou "parábola", esse foi o meu primeiro pensamento.

D: *Você já a ouviu ser mencionada em conexão com o Nazareno?*

A: Acho... acho que ele já a usou, especialmente quando conversou com os sacerdotes, rabinos e oficiais do governo, ou quando está falando com grupos maiores. Nessas ocasiões, ele pode falar na forma de "parábolas" para ser cauteloso ou manter as coisas em paz. Mas ele não usa esse tipo de conversa em grupos menores, pois acha que quando ele é querido e as pessoas querem realmente aprender, ele fala da maneira mais simples e aproximada possível do verdadeiro significado.

D: *Ele não tenta fazer mistério sobre isso?*

A: Não. Só... oh, é difícil dizer isto. Se ele precisa ensinar uma lição e alguém precisa encontrar seu próprio caminho... acho que depende. Veja, estou pensando em outras ocasiões em que me lembro de ouvi-lo falar. Se ele está num grupo grande ou se o grupo é relativamente novo, então às vezes ele fala dessa maneira, mas ele só faz isso para que os outros possam aprender. Na próxima visita ou da outra vez que os encontrar, geralmente eles discutem isso. Então, eles já terão encontrado sua própria resposta. Por isso, creio que pode ser uma ferramenta de ensino.

D: *Então, ele não conta qual é o significado. Ele os deixa deduzir sozinhos.*

A: Sim. Creio que às vezes, é esse o caso.

D: *Achava que em alguns casos ele poderia usar a parábola como exemplo para alguém que não consegue entender de outra maneira.*

A: Sim. Acho que é isto que eu também estava tentando dizer. Pois muitas vezes eles a ouvem e, depois de refletir e de passar algum tempo, ela começa a ressurgir graças à abertura das portas. Pois eles a verão de um modo e, de repente, essa luz cresce e eles compreendem claramente. Então, também é uma ferramenta de aprendizado.

D: *Pergunto-me se às vezes ele conta histórias para ilustrar algum ponto ou para facilitar a compreensão das pessoas comuns.*

A: Às vezes, sim.

D: *Ele conversa com as pessoas comuns na rua ou faz isso principalmente nesses grupos?*

A: Ele não rejeita ninguém. Ele saúda as pessoas comuns na rua. Se for confrontado, ele responde. Mas ele tem a verdadeira sensibilidade, ele sabe quando é correto ensinar e quando considera seguro fazê-lo.

D: *Foi o que imaginei – se estranhos o procuravam para saber do que ele falava.*

A: Ele responde às perguntas. Ele não rejeita ninguém.

D: *Mas a maioria das pessoas com quem ele conversa são aquelas que sabem o que ele está fazendo.*

A: Sim. Pois ele sente que, trabalhando com essas pessoas, elas aprenderão os ensinamentos da maneira mais fiel e vão passá-los adiante. É por isso que ele faz essas viagens. Mas, como disse, ele está sempre ensinando, pois não rejeita ninguém. Ele conversa com as pessoas na rua. Mas é diferente de estar com aqueles que ele sabe que têm realmente fome e estão prontos para seus ensinamentos, e sente que esse também é o caminho deles. As pessoas se aproximam conforme sua realidade pessoal sobre isso.

D: *Bem, essas pessoas que ele manda para divulgar a palavra, como na primeira cidade próxima do lago. Elas procuram apenas as pessoas comuns, ou...?*

A: Essas pessoas... ele as envia na direção onde são necessárias. Não como um comandante ou general. Essas pessoas também fazem suas escolhas. Sabem que sentem a necessidade de servir. Por isso, saem em suas próprias viagens e dão continuidade ao trabalho dele, pois ele não pode estar em toda parte. Assim, elas vão descobrindo, às suas próprias maneiras, onde são necessárias. As pessoas estão se ligando. E através de mensageiros, essas pessoas vão fazer suas próprias viagens para os lugares onde serão mais úteis ou mais necessárias.

D: *Era isso que eu estava tentando entender. Elas não saem procurando ou recrutando outras pessoas?*

A: Não, pois não é assim que acontece. Ele não trabalha pela força. (Sorrindo) Ele não recruta, por isso a palavra se difunde sem qualquer problema. Parece que as pessoas fazem contato umas com as outras e isso se espalha.

D: *É o modo como é feito. Elas contam para os amigos ou para quem imaginam que vá se interessar.*

A: Ou então, ouvem dizer que alguém está necessitado. Elas vão aonde ninguém mais iria. Isso faz parte do processo.

D: *Muito bem. Estava apenas tentando entender como funcionava. Aconteceu mais alguma coisa na reunião dessa noite?*

A: Não. Ele está respondendo perguntas e falando, e procurando saber onde necessitam dele na aldeia. Amanhã, ele vai fazer contato com diversas pessoas. Parece que é isso que está acontecendo. Acho que quando seu trabalho na aldeia terminar, ele vai seguir em frente. Vai querer saber o que precisa ver lá. Provavelmente, não vai tomar mais do que o resto do dia.

D: *Então, você vai ficar na casa de Abrão. Sabe quanto tempo vai levar para ele voltar?*

A: Não tenho certeza do tempo real, mas pode levar alguns meses. Sinto que preciso ficar num lugar, servir e contribuir.

D: *Vamos avançar até o dia em que ele a está deixando lá. Aconteceu alguma coisa fora do comum enquanto ele ficou na aldeia?*

A: Ele realizou curas, mas nada fora do comum (riso). Foram apenas milagres cotidianos.

D: *Eram pessoas do grupo que estavam doentes ou levaram pessoas até ele? Como foi?*

A: Organizaram as coisas para que ele visitasse várias casas onde ele seria aceito, onde ele é necessário. Mas nem todas estavam na reunião.

D: *Ele curou alguma doença específica?*

A: Havia uma doença da... não sei como dizer... área da cabeça. Essa mulher estava sofrendo horrivelmente, como se estivesse com a cabeça sendo prensada. E havia inchaço. Dava para ver um caroço na cabeça, e ele a aliviou. E ela... foi igual. O mesmo brilho dourado em torno da cabeça, do coração e das mãos dele. E seu rosto mostrava muita suavidade. Mas ela conseguiu sentir isso imediatamente. E havia pessoas lá que viram isso acontecer. É difícil acreditar, mas é um dom de Deus.

D: *O inchaço diminuiu e a dor cessou?*

A: Sim. Ela queria morrer. Ela pediu para morrer. Mas não era a hora dela. E ele conseguiu ajudá-la.

D: *Sim, isso é um milagre. Mas, como você disse, você está vendo muitos deles.*

A: (Sorrindo) Mas essas outras coisas... ele saiu e viu todos que precisavam dele, e teve outra reunião antes de ir embora. E ele (sorrindo) veio me visitar na casa de Abrão. E eu (suspiro profundo) sinto muito amor por ele. Ele colocou as mãos na minha cabeça e no meu rosto e me disse que eu deveria ser Naomi, e que não tinha nada a temer. Que eu sempre andaria com ele. E que vou aprender muitas lições valiosas e ser útil e amorosa aqui. Ele me deu um abraço maravilhoso e me beijou na testa. (Triste, quase chorando) É difícil vê-lo ir embora, mas sei que é aqui que eu deveria estar.

D: *Mas ele vai voltar. Isso é importante. Ele vai voltar e vai levá-la. Ele pode estar indo para uma região que seria difícil de percorrer. Ele está pensando no seu bem-estar.*

A: (Choramingando) Sim, pode ser.

D: *Pelo menos, você sabe que vai ficar bem aqui e que estará fazendo aquilo que ele quer que você faça. E ele vai voltar. Você disse que acha que ele vai voltar para Jerusalém nessa ocasião?*

A: Parece que ele sempre precisa voltar para aquela direção ao final das viagens. Por isso, mais cedo ou mais tarde ele vai a Jerusalém para ver as pessoas que precisa visitar lá. Ele também vai visitar a família dele.

D: *Em Nazaré? Você vai conseguir ir lá com ele?*

A: Não sei se será a hora, talvez sim.

D: *Já ouviu alguém falar em um homem chamado de "João Batista"?*

A: João...? (Pausa)

D: *Este é outro João. Talvez seja conhecido por outro nome.*

A: Acho... havia um homem no lago. Não sei se ele está sempre conosco, mas o nome é familiar. Havia um homem chamado João

143

quando estávamos no lago e na pequena aldeia do Lago Kinneret. E quando nos lavamos na água... ele disse que era para o corpo e para o espírito. Pode ser o homem de quem você está falando.

D: *Esse era o homem que fez isso?*

A: Sim. Ele tinha um ritual... um ritual de limpeza simbólico. Mas não para todos nós. Havia uns poucos. Acho que ele era chamado... não sei... João da Água? E foi o ritual da limpeza do espírito.

D: *Como era esse ritual?*

A: Creio que era um ritual para aqueles que já acompanhavam os ensinamentos de Jesus há algum tempo. Consistia em mergulhar na água e, quando você se levantava, ele a abençoava. Essa limpeza simbólica com as águas do espírito era um ritual de dedicação a Deus e ao caminho dos ensinamentos.

D: *E é um ritual feito normalmente?*

A: Eu tinha ouvido falar nele. Essa foi a primeira vez que o vi.

D: *O Nazareno realiza outros rituais com o grupo?*

A: (Pausa) Não com o grupo grande, não com o novo grupo. Ele tem um modo de falar e de usar as mãos. Quando nos sentamos em prece silenciosa e nos concentramos em alguma coisa, dá para ver e sentir uma diferença. Não sei se é disso que você está falando. Não consigo pensar em nada.

D: *Estava pensando que às vezes, no Templo, eles têm rituais e cerimônias.*

A: Ah, como as velas, os livros sagrados e os dias santos? Não, acho que o ritual simbólico da água foi um dos primeiros. Mas quando vejo o Nazareno falar, geralmente ele tenta fazê-lo num nível em que não há separação. Se ele está fazendo alguma coisa, ele procura fazê-lo incluindo as pessoas presentes. Assim, ele não tem ritual, só a prece silenciosa e... a maneira como ele pede a orientação do Deus de seu ser.

D: *Imagino que cerimônias e rituais o afastariam das pessoas normais. Estava curiosa para saber se ele fazia coisas parecidas com as que os sacerdotes do Templo fazem. Mas não é nada disso.*

A: Não. Ele tenta fazer de suas reuniões algo como uma fraternidade, uma roda de amigos, na qual ninguém é superior a ninguém. Ele se senta no mesmo nível e tenta manter tudo num nível igual.

D: Muito bem. Posso voltar a conversar com você para conhecer mais sobre esta história? Estou muito interessada no que vai acontecer.

Naomi deu-me permissão para voltar e para prosseguir na história de sua associação com Jesus. Assim, eu trouxe Anna de volta a seu estado normal, consciente. Ela voltou à sua vida cotidiana, embora sua mente consciente não suspeitasse da outra história que acontecera há tantos anos.

Durante esta sessão, senti que, graças a esse método único de pesquisar a história, tive o raro privilégio de participar realmente de uma das reuniões de Jesus. Senti-me como se estivesse presente entre aqueles que estavam aprendendo com o mestre e pude perceber como esses ensinamentos eram radicalmente diferentes dos ensinamentos ortodoxos de sua época. Obviamente, seus primeiros seguidores precisavam ter muita coragem para segui-lo, pois havia um perigo real nisso. Mas também pude ver a capacidade carismática que ele projetava a fim de aplacar os receios deles. Pude sentir a qualidade que inspirou tanta gente a segui-lo e a aprender mais sobre seus ensinamentos incomuns. Sim, incomuns, mas aparentemente eles preencheram um vazio em suas vidas que não estava sendo preenchido pelos ensinamentos tradicionais dos rabinos daquele tempo.

Eu estava começando a conhecer o verdadeiro Jesus.

145

Capítulo Nove

Uma visão da morte de Jesus

VÁRIOS MESES SE PASSARAM (de março até o final de novembro) antes que pudéssemos voltar a acompanhar a história da associação entre Naomi e Jesus. Anna tem uma pequena hospedaria em sua casa que, durante a estação turística, fica lotada de clientes. Por isso, tivemos de suspender as sessões até o final dessa época agitada, ou do contrário não teríamos privacidade. Quando conseguimos realizar uma sessão, usei sua senha e ela voltou a aquele período como se não tivesse havido interrupção.

Quando conversamos com Naomi pela última vez, ela havia sido deixada numa cidade pequena para aguardar o retorno de Jesus. Eu quis dar continuidade à história a partir daquele ponto. Descobri que o tempo também havia se passado para Naomi.

D: *Você está voltando à época em que foi deixada com um amigo enquanto o resto do grupo seguiu viagem. Vou contar até três e estaremos lá. 1... 2... 3... voltamos ao tempo de Naomi. O que você está fazendo? O que você vê?*

A: Vejo que o Nazareno está voltando à aldeia. E eu me sinto muito feliz. Espero que ele fique contente com meu progresso.

D: *Você ficou muito tempo aí?*

A: Fiquei... aproximadamente três meses.

D: *Você ficou com um amigo dele, não foi?*

A: Fiquei com a família que iria me ajudar na minha educação, ensinando-me aquilo que eu estava buscando. Esta é a casa de Bendavid. E, puxa, tanta coisa aconteceu... (ela ficou emocionada, quase chorando) e... ah, eu mudei muito.

D: *De que maneira? Pode me contar?*

A: (Triste) Eu... eu estou tomada pelas emoções, mas... aprendi muitas coisas práticas sobre cura e pude ser útil para as pessoas. Aprendi os costumes do Nazareno. E também despertei e cheguei muito perto de conhecer o amor, algo que eu pensava que não era para mim. Isto não estava nos meus planos.

D: *Essa era uma coisa com que você não contava.*

A: (Choramingando) Não. (Ela ficou tão emocionada que mal conseguiu falar). Agora, eu também vejo com muito mais clareza. As emoções vêm dessa clareza, em parte, mas também vem da dor (chorando). Pois quando olho para o Nazareno, consigo ver a mesma irradiação de luz dourada em seu centro cardíaco e ao redor de sua cabeça. Mas eu sei... posso ver o futuro com muita clareza. E... (sua voz ficou embargada) é muito difícil falar sobre isso.

D: *Você se refere ao seu futuro?*

A: Vejo mais o futuro dele.

D: *Quer dizer que é isso que dói para você olhar?*

A: Sim, sim.

D: *Eles lhe ensinaram a habilidade de ver o futuro enquanto você ficou aí?*

A: Não. Isso é uma coisa de que as pessoas falam, mas eu não tinha sentido a necessidade de contar a alguém que tenho essas visões. Não é sempre que as tenho, mas tenho. Acho que se eu for sincera, quando o vejo entrar na aldeia e vejo as luzes que vejo, vejo eventos acontecendo na minha mente. Isto não acontece sempre e não falo muito disso. Preciso falar com o Nazareno, pois sei que posso contar com sua confiança e que ele vai me ouvir com crença. E na casa de Bendavid sou vista como um membro da família, mas isso ainda é muito novo. Não posso ser tão franca a ponto de falar dessas coisas (fungando).

D: *Sim, compreendo. Você está planejando contar ao Nazareno aquilo que vê?*

A: Sim, quando for apropriado.

D: *Quer me contar antes?*

A: Não, acho melhor esperar. Muita coisa aconteceu, e antes de vê-lo eu não tinha percebido o quanto mudei e nem as emoções que senti durante estes últimos meses. Enquanto estava na rotina diária, aprendendo, crescendo e fazendo o que se esperava de mim, tudo pareceu passar muito depressa. Não tive tempo de relaxar e analisar tudo. Mas tudo aflorou rapidamente quando eu o vi, pois sabia que iríamos sentar e que eu teria de lhe contar tudo.

147

D: *Talvez tenha sido esta uma das razões para ele querer que você ficasse aí.*

A: Sim. Ele precisava saber se eu teria certeza da minha dedicação. Creio que ele me deu a oportunidade de mudar caso eu resolvesse fazê-lo, e ele teria recebido isso com muito amor e compreensão.

D: *Você disse que essas pessoas com quem você ficou são amigas do Nazareno?*

A: Sim. Esta aldeia é formada por pessoas que acreditam em seus ensinamentos. Eles acreditam em servir ao próximo e tratar os outros como querem ser tratados, e em caminhar sob a luz de Deus, nossa Fonte.

D: *E eles deviam ensinar-lhe coisas enquanto você ficou lá?*

A: Sim, eu devia aprender a filosofia. Eu devia aprender a cuidar das pessoas e de suas necessidades, e a servir de todas as maneiras possíveis. Passei algum tempo com os idosos desta aldeia. Passei um tempo ajudando as crianças sem família. Assim, tenho sido educada em todas as formas de serviço à humanidade através do amor verdadeiro e da fraternidade.

D: *E onde essas pessoas obtiveram seus conhecimentos? Alguém as ensinou?*

A: Essas pessoas aprenderam com o Nazareno. Elas vieram de diversas aldeias e cidades e criaram sua própria comunidade. Foram elas que tiveram de se reunir em abrigos secretos sob suas casas, pois não se aceitava que se dedicassem a essas crenças.

D: *Então, você tem vivido feliz aqui?*

A: Sim. Tenho me sentido completa. É difícil encontrar as palavras, pois as emoções tomam conta. Fui testada de várias maneiras. Mas sei que meu verdadeiro serviço, a razão para estar aqui neste momento, é aprender o máximo que puder, passando este conhecimento para aqueles a que sirvo. E que o amor que descobri é o do ensino e crescimento mútuos. Isso é tudo que sei que é possível.

D: *Você mencionou que havia descoberto o amor e que isso era uma coisa que você não estava esperando?*

A: Certo. Saí da casa de meus pais para caminhar com o Nazareno. Se você se recorda, quando eu era mais jovem, permitiram-me fazê-lo porque eu poderia me disfarçar como um garoto. Eu não estava interessada num casamento tradicional. Encontrei tanto vazio nos modos de vida normalmente aceitos que meus pais e o

Nazareno me aceitaram. Provavelmente, ficaram muito surpresos quando fui em frente. E quando não pude mais me disfarçar de menino, fui deixada nesta aldeia, onde ficaria em segurança. Aqui, eu poderia crescer, aprender e me assegurar de meu compromisso.

D: *Mas você disse que havia outras mulheres com ele.*

A: Sim. E também havia famílias que estavam trilhando esta vida de serviço segundo a verdade. Havia várias mulheres que se ofereceriam para trabalhar com os doentes, ajudando a diminuir suas dores, quando ninguém mais caminharia com ele. Por isso, as mulheres foram aceitas graças a seus conhecimentos sobre cura, ou tinham informações sobre áreas nas quais poderiam ser úteis.

D: *Estava me perguntando porque ele não quis levá-la com ele depois que ficou óbvio que você era uma mulher.*

A: Creio que foi a conexão com a minha família... e eu era muito jovem. Eu tinha... nem treze? Estava tão segura do caminho que queria trilhar que acho que foi uma surpresa para todos. Estava tão decidida que iria acabar saindo, de qualquer maneira, porque me pareceu ser o certo. Depois da comunhão com minha fonte de Deus, todas as minhas respostas foram iguais, e portanto eu ia fazer isso. E achei muito incomum terem levado em conta uma atitude tão séria numa pessoa tão jovem, e ainda por cima mulher, pois não é essa a tradição judaica. Portanto, creio que ele foi mais cauteloso, e... foi a minha idade, mais do que outra coisa, pois isso não era comum para uma moça com esse histórico.

D: *Ele é muito sábio em relação a essas coisas. Mas você falou do amor. Quer dizer que se sentiu atraída por um homem?*

A: Sim (suspiro profundo). Isto é... é muito difícil encontrar palavras. (Triste) Tinha muita certeza de que iria trilhar este caminho e que nunca conheceria o amor daquela maneira, pois meu propósito nesta vida era forte. Nunca soube que um homem poderia me tocar e ser espiritualizado e bom, tratando-me como igual e importando-se mesmo comigo. Creio que ele ficou querido assim porque faz parte da família com que estou morando. Ele ajudou na minha educação e me respeitou como um igual. Passei a amá-lo... mais do que o amor que se sente por um irmão. Nem sabia que poderia ter esses sentimentos. E ele acredita nas mesmas coisas que eu. (Ela estava quase chorando novamente). Mas não consigo ver como isso aconteceu.

D: *Como se chama esse rapaz?*

A: Seu nome é Abrão (foneticamente, com forte ênfase na primeira sílaba).

D: *Bendavid é o pai dele?*

Enquanto pesquisava para *Jesus e os Essênios*, descobri que "ben" na frente de um nome significa "filho de".

A: Sim. Portanto, ele é Abrão Bendavid.

D: *E ele mora na mesma casa. Como ele ganha a vida?*

A: Ele ajuda em qualquer coisa que precisa ser feita na aldeia, conserta as estruturas. E conhece muito agricultura e sistemas de irrigação.

D: *Então, dá a impressão de que ele é bastante inteligente.*

A: Sim. Todos têm responsabilidades físicas, e além disso há muito crescimento intelectual e crescimento espiritual. Mas todos são estimulados a aprender o máximo que podem a fim de serem fisicamente independentes, e todos podem servir a um propósito e se ajudarem mutuamente.

D: *Abrão sente o mesmo por você?*

A: (Suavemente) Sim. Mas ele está muito disposto a ser paciente. Ele aceita minhas decisões porque sabe que, no meu coração, sou dedicada. E como, com o tempo, virá a clareza e conhecerei realmente o meu propósito.

D: *Ele falou em casamento com você?*

A: Ele falou em casamento, mas... (ela ficou muito emocionada e as lágrimas escorreram pelo seu rosto) acho que é impossível. Pois não posso... não posso me dedicar às duas coisas, e isso me rasga ao meio.

D: *Talvez tenha sido essa a razão para o Nazareno querer que você ficasse aí durante algum tempo. Ele queria que você tivesse certeza. Mas pode haver um meio de fazer as duas coisas funcionarem. Nunca se sabe. (Eu estava tentando fazer com que ela se sentisse melhor.)*

A: (Suspiro profundo) Não sei.

Quis mudar de assunto, pois este era muito emotivo para ela.

D: *Você disse que o Nazareno voltou à aldeia. Há outras pessoas com ele?*

A: Sim, há um pequeno grupo com ele.

D: *Quais são os seus planos?*

A: Farei o que ele quiser que eu faça. Não sei se já acabou o meu período de educação nesta aldeia ou se devo continuar aqui. Sei que posso ser útil aqui e que sou necessária. Mas no meu coração, sinto que eu deveria participar de uma peregrinação, quem sabe viajar de um lugar para outro, ajudar e divulgar os conhecimentos que aprendi. Mas quem vai me dizer isso é o Nazareno.

D: *É ele que conhece os planos gerais. Você vai conseguir ficar algum tempo sozinha com ele?*

A: Sim, isto será necessário. (Ela começou a chorar novamente).

D: *Você disse que queria falar com ele sobre a visão que teve. Você pretende fazer isso quando estiver sozinha com ele? (Ela estava fungando e soluçando novamente, e não respondeu). Bem. Vamos avançar até o momento em que você tem a oportunidade de conversar reservadamente com ele, e me diga o que acontece. Você fez isso?*

A: Sim. (Ela estava chorando novamente. Estava difícil falar sobre isso).

D: *O que foi?*

A: São várias emoções. Sinto-me muito feliz por estar novamente com ele. E este sentimento é tão grande que nenhum amor físico poderia me preencher desta maneira. (Triste) Por isso, sei que este amor do espírito e minha dedicação ao serviço são as únicas verdades para mim.

D: *Na verdade, são coisas opostas... no mínimo, diferentes.*

A: (Ela falou com tristeza) Não para mim. Não para aquilo que estou vendo para mim. Mas eu disse a ele que quando o vi entrar na aldeia, vi as luzes radiantes que tinha visto antes. O brilho dourado em torno do centro do coração e ao redor de sua cabeça. E eu lhe disse que... (emocionado) conheço... a dor. Eu sinto a dor. Pois sei que ele foi... ferido. Vejo muitos espinhos em seu coração. Pois vejo... (sua voz ficou entrecortada) sua partida física. Sei que ele veio aqui para servir. (Ela estava chorando e com dificuldade para formar as palavras) Mas também vejo que muitos não conseguem acreditar. Acham-se tão tomados pelo medo que... vão garantir que ele não vai viver muito.

D: *A forma da morte dele fez parte da visão que você teve? É disso que você está falando?*

A: (Triste) Acabei de ver isso acontecendo. Não sei exatamente o que acontece, mas eu o vi sair do corpo físico. E sei que isso significa... que é a hora de ele ir em frente.

D: *Quer dizer que você não viu como isso aconteceu? Você só viu que ele vai morrer?*

A: Sim, pois ele veio e serviu a seu propósito. Ele caminhou pela terra e divulgou a verdadeira filosofia da humanidade através de Deus, do amor e da luz. Ele tentou ensinar que somos todos irmãos e irmãs. Somos todos uma só família. E ele fez o que podia fazer. Ele sabe que uma minoria vai dar continuidade a isso. Mas aproxima-se seu momento de ascender, pois há ouvidos surdos e corações sombrios. Sua presença física é insignificante.

D: *E o que ele lhe disse quando você contou o que viu? Ele acreditou em você?*

A: Quando eu lhe disse... (sua voz ficou embargada novamente) isso não foi fácil. (Soluçando) Senti-me muito confusa, pois ninguém me disse que coisas assim iriam começar a acontecer comigo. (Chorando) E eu não sabia. Eu não tinha controle. Sentir-me assim me incomodou. E eu precisava dizer a ele, pois sabia que este querido e meigo Nazareno me compreenderia e me amaria, e sei que falo com o coração e com a verdade. (Suavemente) E ele tocou o meu rosto e me disse que eu não precisava ter medo, pois estaríamos sempre conectados através de seu amor. Ele disse que minha visão era clara e que eu não deveria recear minhas visões. Mas deveria respeitá-las e vê-las com muita clareza, lentamente, para não distorcer a imagem, pois são apenas palavras de Deus vindo através dos meus olhos. Ele disse que aquilo que vi seria realmente a sua ascensão, mas que seria seu passo seguinte. E não importa como aparecesse, ele tinha completado seu trabalho neste plano físico. Ele não poderia ir adiante, e o punhado de pessoas que aceitara a verdade da vida iria prosseguir. Mas a escuridão era tão grande que ele estava sendo necessário noutros níveis para dar continuidade a seu trabalho.

D: *Então, aquilo que você viu não foi uma surpresa para ele.*

A: Não. Ele me ouviu, compreendeu-me e aceitou aquilo que saiu do meu coração. Ele me disse para caminhar no amor e seguir a trilha da luz, lutando contra o medo. Não deve haver medo, pois o medo cria as trevas no homem. A única verdade é o amor e a luz.

D: *(Todas essas emoções também estavam sendo difíceis para mim).* Fiquei muito contente por você ter dito isso a ele, pois assim ele sabe como você se sente. *Você também contou a ele sobre seu amor por Abrão?*

A: Sim. Mas quando tornei a vê-lo, fui tomada por tanta clareza e propósito que eu sabia o que deveria fazer antes mesmo de dizer alguma coisa. Mas ele compreendeu e teve de me permitir sentir essas emoções. Minha dedicação iria continuar a crescer desde que eu aceitasse minhas provas e fosse sincera. Ele disse que não haveria problema se eu mudasse o meu caminho, desde que isso fosse feito com o amor e a verdade. Por isso, ele precisava que eu sentisse todas as emoções; depois, se eu não quisesse aceitar aquele outro caminho, isso faria parte da minha iniciação.

D: *Então, ele ainda está deixando a decisão nas suas mãos, não é?*

A: Eu tomei uma decisão. Tomei-a no meu coração e na minha mente antes de formar as palavras, naquele momento em que nos encontramos e conversamos pela primeira vez. Portanto, tomei minha decisão e vou caminhar com ele ou ficar. Peço apenas para poder servir, para que eu também possa ascender, crescer e reativar minha conexão nesse próximo nível.

D: *Ele disse quais são os planos dele para você?*

A: Disse-me que eu deveria ficar na aldeia e que, se eu tivesse fé e tivesse mesmo sensibilidade, então ficaria muito claro o lugar para o qual eu deveria ir em seguida, onde eu seria necessária.

D: *Então, neste momento, ele não quer que você vá com ele?*

A: Não. Sinto-me muito forte. Sinto-me muito bem com a minha decisão. Eu precisava do conselho dele, pois precisava ter clareza. E precisava saber que minhas visões e meus sentimentos eram do amor e da luz e não da escuridão. Ele me garantiu que enquanto eu buscar a verdade e for sincera, o medo e a escuridão nunca terão o controle.

D: *Essas são emoções muito importantes. Creio que é bom você estar se entendendo com todas essas coisas. Mas isso também significa que você vai continuar a ter contato com Abrão.*

A: Sim, mas agora que conheço a minha missão, será bem mais fácil. Sei que boa parte do meu propósito consiste em continuar a aprender, a curar e a reduzir a dor de quem sofre. Vou voltar à aldeia dos leprosos, dos doentes, e terei força e estarei saudável. Pois devo ajudar a aliviar o fardo e a dor dos doentes e dos perturbados. E preciso trabalhar com os órfãos que precisam desesperadamente do meu amor. Esses são propósitos da verdade, do amor e da luz. E são os meus.

D: *Os seguidores do Nazareno podem fazer suas próprias viagens?*

A: Geralmente, vamos em grupos. É raro alguém percorrer longas distâncias sozinho.

D: *Então, está dizendo que você e outras pessoas vão voltar à mesma aldeia dos leprosos... sem o Nazareno?*

A: Sinto que terei muito poucos... (sua voz ficou entrecortada e ela começou a chorar) contatos com o Nazareno... em sua presença física. Mas ele me prometeu que sempre estaremos em contato.

D: *Essa é uma das coisas que ele quer que você faça? Que fique voltando a esses lugares, mesmo sem ele, dando continuidade ao trabalho que ele começou?*

A: Ele não disse isso. É uma coisa que eu sinto que deverei fazer pelo caminho. Sinto que esta é uma das coisas que ficará clara. E, como ele disse, saberei qual é o meu caminho e o meu propósito enquanto trabalho. Sinto realmente que é isso que vai acontecer.

D: *Você não tem medo de contrair a doença dessas pessoas?*

A: Não. Eu já estive lá. Sinto que se você não vive com medo, pode manter-se saudável na mente, no corpo e na alma. O medo cria todas as doenças e males, quer saibamos disto, quer não.

D: *Essa é uma ideia interessante. Ele ensinou isso, que o medo cria doenças?*

A: Sim. Quando eu era mais nova e morava na aldeia do meu pai, em várias ocasiões eu saía escondida de casa para assistir às reuniões fechadas. E adquiri esse conhecimento. Este é um de seus ensinamentos.

D: *Naturalmente, sempre pensamos que algumas doenças não podem ser evitadas. Ele não acredita nisto?*

A: Não. Mas devo dizer que a pessoa precisa acreditar na Fonte que está dentro do seu ser. É o centro de Deus em cada um, é o centro do coração de cada um. Se a pessoa vive sem medo, ela colocou uma grande proteção de cura em seu corpo físico e outras camadas de proteção em torno da pessoa humana. Se você permite que o medo ou a escuridão entrem no seu ser, você abre um espaço que permite o crescimento das moléstias. Podemos controlar qualquer doença da mente ou do corpo.

D: *Você acha que é essa uma das maneiras pelas quais ele consegue curar as pessoas?*

A: Sim, pois essas pessoas que foram até ele e pediram para ser curadas criaram um caminho de cura em seus próprios corações e mentes. Estão apenas se conectando com a energia dele, pois já formaram a crença na confiança. Com isso, eliminaram o medo e as sombras, o que lhes permite aceitar a cura. Portanto, embora o Nazareno tenha o poder de curar, a pessoa doente precisa ter em si mesma o poder de livrar-se de seus medos e de eliminar a doença em seu corpo. Ou, se não é para serem curadas ou para prosseguirem nesta vida, encontrarão uma transição muito amena e ascenderão na paz e no amor verdadeiros, passando para a próxima existência.

D: *Ele consegue curar alguém que não quer ser curado ou que não sabe da doença?*

A: Sondei o meu passado e (riso) vejo que ele cura uma ave doente, um animal doente. Ele percebe muito bem quando uma pessoa não é sincera e o está testando, e a expõe. Mas as pessoas que o procuram de verdade, ele pode curá-las e as cura, a menos que haja alguma razão que impede a cura. Ele as informa disto.

D: *Já aconteceu de alguém ir testá-lo?*

A: Ah, sim, ele foi testado muitas vezes, em muitas ocasiões. Mesmo quando ele ficava na rede oculta, de vez em quando surgiam infiltradores, mas ele é tão puro e sensível que os testes ficam muito óbvios para ele.

D: *Pode me dar o exemplo de um caso que você testemunhou?*

A: Lembro-me que havia um soldado em Jerusalém que pagou a um mendigo para mentir sobre uma cura. Vi o Nazareno mostrar a fraude e expor o soldado.

D: *O que esse soldado queria ganhar com uma coisa dessas?*

A: O soldado queria que o povo ficasse contra ele. As pessoas estavam começando a ouvi-lo. E os romanos sentiram-se muito ameaçados por suas... (ela não conseguiu encontrar a palavra).

D: *Capacidades?*

A: Capacidades, mas a população estava começando a ouvi-lo.

D: *Então, o soldado pagou o mendigo para que ele... fingisse que tinha sido curado? Ou o quê?*

155

A: Para dizer que ele fora curado mas que a infecção tinha voltado. Ele tinha um ferimento purulento. Lembro-me disso. Ele ficou em pé diante da multidão e mostrou esse ferimento purulento, que ele disse que tinha sido curado por esse homem que eles chamavam de "Jesus". E foi isso que aconteceu com o ferimento. Mas o Nazareno contou a história toda para a multidão e até apontou para o soldado. A multidão voltou-se contra o soldado e começou a atirar pedras nele, o que incomodou muito o Nazareno. E houve outro incidente no qual um cego foi levado até ele e Jesus não conseguiu curá-lo. Ele conseguiu mostrar ao homem, à multidão e às pessoas que estavam tentando criar problemas, as razões pelas quais esse homem não conseguiu recuperar a visão.

D: *E quais eram as razões?*

A: Havia coisas que ele tinha feito na vida, mas ele também havia recebido a cegueira como uma professora. Ele estava cego para que pudesse se voltar para seu íntimo, curando a escuridão e o medo e permitindo a entrada da luz para que pudesse viver segundo a verdade. A vista não nos dá visão clara. Esse homem havia feito coisas horrorosas em sua juventude, e a cegueira foi causada por um acidente. Sua vida foi poupada. Mas esse homem, que ia tentar fazer o Nazareno parecer um farsante, estava tomado por tanto amor e compreensão que ele aceitou sua cegueira. Alguma coisa dentro dele foi curada e ele aceitou sua vida e o serviço que deveria prestar.

D: *Como a multidão reage quando ele não consegue curar alguém? Ficam zangados se ele nem sempre consegue fazer essas coisas?*

A: Se não acontece a cura, ele dá uma explicação. E eu diria que esta é tão aceitável que não pode ser questionada, pois está repleta de sinceridade. Mas como os romanos e os judeus do Templo vivem com medo dele, ele prefere servir nessas aldeias onde ele é aceito, necessário e querido.

D: *Então, ele tenta se manter afastado de Jerusalém? É isso que você está dizendo?*

A: Sim, pois isso prejudica seu progresso.

D: *Você já o viu fazer alguma outra coisa diferente ou incomum, além das curas?*

Eu estava pensando nos outros milagres mencionados na Bíblia. Ela fez uma pausa como se estivesse pensando.

D: *Ou então, se você não viu isso pessoalmente, já ouviu falar de histórias sobre coisas que ele teria feito e que as pessoas comuns não conseguem fazer?*

A: Vi a luminosidade em suas mãos. Vi-o curar as próprias almas e os corações das pessoas. Vi-o... Vi-o sobreviver a coisas que as pessoas normalmente não conseguiriam sobreviver.

D: *Pode me dar um exemplo de algo assim?*

A: (Suspiro profundo) Sei que ele foi levado pelos soldados romanos para debaixo dos tribunais e torturado. Sei que ele foi posto num caixote que não era grande o suficiente para que um homem pudesse sobreviver nele. E foi jogado ravina abaixo... e sobreviveu. Hesito em falar disto, pois desde essa época ele tem sido protegido em diversas aldeias. Eu o vi sobreviver a coisas físicas, mas os milagres estiveram nas curas, na comida, em encontrar o suficiente para cuidar das necessidades das pessoas.

D: *Por que os soldados fizeram isso com ele?*

A: Estavam tentando encontrar algum modo de destruí-lo, porque ele estava obtendo poder demais. Ele estava começando a reunir muitos seguidores que questionavam as leis romanas e a igualdade e justiça da vida sob o jugo deles. Estavam ganhando força e falando em rebelião, pois não é assim que se tratam as pessoas. Por isso, os soldados estavam tentando destruir o Nazareno, fazendo com que parecesse que outras pessoas haviam feito isso.

D: *Eles fizeram isso sem nenhuma autoridade?*

A: Eles tinham autoridade. Tinham a autoridade de seu rei. (Triste) Mas eles terão sucesso. Vão reunir um número suficiente de pessoas sombrias e vão conseguir.

D: *Mas naquela ocasião, eles o prenderam? Você disse que eles o torturaram. Estou curioso para saber o que aconteceu.*

A: (Como se eu tivesse chamado novamente sua atenção para a outra história. Ela estava pensando no evento futuro). Ah, sim. Levaram-no sem causarem uma cena. Parecia ser uma coisa amigável, mas era um sequestro. Há labirintos e adegas sob os tribunais. Levaram-no lá, ameaçaram-no e o torturaram. Acharam que só isso bastaria. Quando perceberam que ele não sucumbiria, começaram a se infiltrar nas ruas para arranjar pessoas que pudessem fazer suas maldades. Há muita gente que pode ser paga para isso. Muitos romanos pobres estavam ansiosos para fazer o que os soldados estavam fazendo.

D: *E você disse que depois de torturá-lo, puseram-no num pequeno caixote?*

A: Sim, um caixote, uma caixa. E empurraram-no ravina abaixo, certamente achando que isso iria matá-lo. Mas não matou. Agora, eles continuam a se infiltrar pelas ruas, pagando gente para prejudicar a reputação dele, para fazê-lo parecer o que ele não é. Pois há muitos que podem ser comprados para prejudicar sua própria gente. E, claro, vão culpar as pessoas do Templo. O Nazareno escolheu trilhar seu próprio caminho porque descobriu que as pessoas do Templo podem ser tão cruéis e manipuladoras quanto os tribunais romanos. Portanto...

D: *Achava que depois de ele ter sobrevivido à queda na ravina, os romanos teriam reagido de forma diferente.*

A: Os romanos ficaram com mais medo ainda, porque sabem que estão se formando essas aldeias privadas. O número dos seguidores dele está aumentando. Sempre que ele realiza uma cura, sempre que acontece alguma coisa ou que uma pessoa que antes tinha uma personalidade sombria se regenera – como o caso do cego – mais pessoas acreditam nele. Se ele sabe que algum romano vai tentar maltratá-lo, ele os confronta com isso. Ele fica sabendo quem o entregou. Ele foi – embora soubesse do sequestro – porque achou que seria capaz de curar dentro da hierarquia do governo. Por isso, ele tem preferido permitir que seu corpo físico passe o que for preciso em nome de suas próprias lições neste mundo.

D: *Então ele fez isso por um motivo, pois sabia o que ia acontecer. Eu achava que depois de vê-lo sobreviver, os romanos perceberiam que ele não era um ser humano comum.*

A: Isso ficou ainda mais aparente para eles e por isso aceleraram sua intervenção nas ruas. Eles sabiam que, a menos que voltassem as massas contra ele, não iriam sobreviver, não iriam manter o poder. Por isso, viveram com mais medo depois que ele sobreviveu.

D: *É por isso que ele não quer voltar logo para Jerusalém.*

A: Sim. Mas ele vai voltar, pois há pessoas que precisam dele lá. Ele sabe que precisa levar a cabo seus planos e sua missão, e por isso ele vai voltar.

D: *Talvez tenha sido por isso que ele não quis levá-la de volta a Jerusalém.*

A: Depois que eu lhe falei sobre a minha visão e ele me falou de sua verdade e clareza, ele também me disse que não era preciso caminhar com ele. Minha missão consistiria em ficar na aldeia, onde eu era necessária e poderia ser útil. Eu poderia crescer ali, e então meu caminho seguinte ficaria claro para mim. Mas sei porque ele não quer que eu vá. Ele não quer que eu esteja lá. Não há razão para eu ir, pois ambos sabemos o que vai acontecer.

D: *Achei que talvez ele receasse levá-la novamente para a cidade, pois poderiam estar procurando por ele.*

A: Sim, mas não é necessário eu ir.

Espantosamente, nesta sessão Anna forneceu partes faltantes de uma história que ela sequer conhecia conscientemente. Quando Jesus resolveu voltar a Jerusalém no Domingo de Ramos, seus discípulos recearam por sua segurança, mas a Bíblia nunca esclarece o motivo. Agora, estava óbvio porque não queriam que ele voltasse. Em várias ocasiões, ele já havia sido exposto a torturas e ficado à beira da morte.

Ele estaria em segurança caso permanecesse na região de Nazaré, pois a cidade ficava nos domínios de Filipe (irmão de Herodes Antipas), além do poder das autoridades de Jerusalém. De Cafarnaum, ele podia evitar Herodes Antipas facilmente. Normalmente, os romanos não enviavam tropas a lugares muito distantes de sua fortaleza em Jerusalém. Ele também poderia encontrar privacidade nessas cidades menores, se assim desejasse, para si mesmo e para seus discípulos. Ele poderia ser mais aberto em seus ensinamentos nessas comunidades, distante das cidades maiores. Em algumas áreas, porém, como nas reuniões nas cavernas em torno do Mar da Galileia, ele sabia que precisava tomar mais cuidado por conta da possível presença de espiões.

Esta deve ter sido uma das tarefas de João: falar com os organizadores das reuniões para saber quais regiões seriam perigosas, caso em que teriam de organizar reuniões em lugares ocultos. Jesus não ia para essas regiões às cegas. Ele recebia informações sobre a segurança do grupo antes que João permitisse que ele entrasse no lugar. Ele estava seguro na aldeia dos leprosos porque este era um lugar evitado, e só pessoas altruístas e dedicadas como os membros de seu grupo teriam a coragem e a preocupação de irem lá. Em lugares assim, ele não precisava se preocupar em ser ouvido por espiões plantados por Roma. Ele podia relaxar e viver uma vida aparentemente normal. Provavelmente, era por isso que ele procurava essas cidades isoladas.

Em Jerusalém, havia diversas nacionalidades e religiões, e muitos teriam dificuldade para entender os ensinamentos de Jesus. Mesmo entre os judeus, havia uma variedade de posicionamentos espirituais e mentais, até pagãos. Entre todos eles havia nacionalistas, geralmente nativos da Galileia, para os quais Deus e o povo, Deus e Jerusalém, Deus e o Templo, eram objetos inseparáveis. Eles fervilhavam de indignação diante de tudo que não estivesse de acordo com essa unidade. Contra esse pano de fundo, Jesus era visto como alguém que não era suficientemente nacional para os nacionalistas, antiquado demais para os saduceus, moderno e liberal demais para os fariseus e estrito demais para as pessoas comuns das ruas. Ele teve dificuldade para tentar ser todas as coisas para todas as pessoas.

Na época de Jesus, a única educação era a "educação religiosa". Eles aprendiam que a Lei de Moisés era o ensinamento mais importante, a única coisa em que deveriam basear suas vidas e seu modo de pensar. Os judeus não aprendiam a pensar por si mesmos e nem a questionar rabinos e sacerdotes. Em Jerusalém, Jesus era visto com suspeita, pois ficava pedindo às pessoas para irem contra o único ensinamento ao qual tinham sido expostas. Ele lhes pedia para ouvirem um modo de pensar totalmente diferente e muitos não eram capazes de fazê-lo. Era muito mais fácil apresentar suas ideias novas e radicais para aqueles que moravam em cidades distantes e que eram abertos a ideias contrárias à sua formação.

Para as pessoas, não era fácil ouvirem e aceitarem conceitos totalmente opostos a tudo aquilo a que haviam aprendido ao longo da vida. Muitos o consideravam um radical perigoso e seus ensinamentos eram vistos como as divagações de um lunático. Os historiadores alegam que o famoso Sermão da Montanha de Jesus nunca poderia ter sido feito na região de Jerusalém, pois essa cidade era um reduto da tradição. O sermão apresentava aos ouvintes a oportunidade de olhar além da tradição e do pé da letra da Lei para enxergarem uma aplicação nova e ampliada dos antigos ditados e verdades. Esse estado mental não costumava ser encontrado na Judeia daquela época, mas era exatamente o que se poderia esperar na região de Cafarnaum.

Jesus havia voltado contra si mesmo rabinos, sacerdotes e judeus tradicionais porque achava que os sacerdotes do Templo focavam demais os rituais e a realização de cerimônias. Eles não analisavam os problemas e as preocupações das pessoas. Jesus viu que havia um conflito maior do que esse entre a tirania de Roma e a crença judaica de que eles eram o povo eleito de Deus.

O povo da Palestina tinha uma razão real para ter medo dos romanos. Durante a época de Jesus, no começo do reinado de Herodes Antipas, alguns judeus tentaram uma rebelião. Ela foi extinta pela força superior dos romanos e, como punição, dois mil judeus foram crucificados. As pessoas viviam sob a opressão de um líder cruel, mas sua esperança de surgir um redentor, um Messias, um salvador, para liderá-los e tirá-los dessa situação, mostrou que eles desejavam derrubar o governo existente e reconquistar liberdades perdidas.

Os zelotes usavam essas emoções para fomentar sua causa. Achavam que Jesus seria o novo rei num sentido literal e que os apoiaria numa guerra de verdade para libertar o país. Seus modos suaves e as palavras de amor os irritavam, pois esperavam que a resposta fosse a violência. Hoje, reconhece-se que Judas Iscariotes devia ser membro dos zelotes. Esta foi uma das razões por trás da traição de Cristo: ele achou que poderia forçar Jesus a uma situação na qual teria de lutar e o resto do povo se uniria a ele. Os romanos estavam bastante cientes da situação volátil em Jerusalém e do perigo potencial representado por qualquer um que pudesse aparecer como líder.

Quando Jesus entrou na cidade no Domingo de Ramos, exaltado pela multidão que o aplaudia, os romanos viram que teriam de se livrar dele de qualquer maneira. Sua popularidade havia se tornado um problema que os ameaçava. O povo o identificava como o Messias tão aguardado, que os livraria da servidão e da submissão aos romanos. Ele era o homem que removeria o jugo. As autoridades viram que esse homem, Jesus, poderia ser aquele que agitaria o povo até a rebelião. Esse homem gentil não podia mais ser tolerado. Ele tinha de ser eliminado.

Minha pesquisa mostrou que a área subterrânea de Jerusalém está repleta de velhas passagens e câmaras secretas. Essas áreas, bem como seções dos dois muros, são as únicas partes restantes da cidade bíblica original. Havia muitas câmaras sob o local onde o Templo foi instalado. Algumas delas eram usadas pelos soldados romanos para obterem acesso secreto desde sua fortaleza, num canto do muro do Templo, até outras áreas, como meio de defesa. É lógico presumir que esta era a área à qual Naomi se referiu ao dizer que Jesus foi levado para ser questionado e torturado, na esperança de intimidá-lo e levá-lo a abrir mão de seus ensinamentos radicais.

A ravina na qual Naomi disse que ele foi jogado era mencionada em todos os dados históricos referentes à cidade antiga. Na época de Jesus, a cidade era dividida por uma ravina chamada de Vale do Tiropeon, atravessada por uma ponte. Do lado oriental do muro imensamente alto do Templo, ficava a ravina do Cedrom ou Vale do Cedrom, que também tinha uma ponte que vinha do Monte das Oliveiras. Josefo disse que este vale era tão profundo que não se enxergava o fundo ao se olhar do alto desse muro. Segundo a pesquisa histórica, Tiago, irmão de Jesus, foi assassinado ali ao ser jogado do muro para a ravina. Isto aconteceu no período turbulento que se seguiu à morte de Jesus na cruz. Esses vales não existem mais.

Se Jesus foi capaz de sobreviver às torturas e tentativas de assassinato dos romanos, deveria estar evidente que ele poderia ter escapado da prisão e crucificação. Ele só morreu porque escolheu fazê-lo. Como diz Jesus na Bíblia (João 10:17-18) " eu dou a minha vida para retomá-la. Ninguém a tira de mim, mas eu a dou por minha espontânea vontade. Tenho autoridade para dá-la e para retomá-la". Se ele não tivesse resolvido que era sua hora de ascender e isso não se encaixasse com o padrão de sua vida, então ele não teria deixado os romanos matá-lo. Pelo que se deduz desta história, ele tinha grande controle sobre seu corpo, a ponto de poder sobreviver a aquilo que teria matado outros que não fossem tão desenvolvidos. Ele conhecia e compreendia sua missão, a ponto de poder controlar o tempo e o método de sua morte.

Capítulo Dez

A história da crucificação segundo Naomi

MAIS UM MÊS SE PASSOU e já estávamos quase no Natal de 1987 antes que pudéssemos fazer outra sessão. Raramente marco sessões nos meses do inverno por conta da possibilidade de mau tempo e de nevascas que podem cair em Arkansas no inverno. Não gosto da ideia de ficar encalhada nas estradas de nossas montanhas após o anoitecer. É a época da hibernação em nossa região montanhosa de Ozark, mas eu desejava concluir a história de Anna sobre a associação entre Naomi e Jesus. Nesta época, eu estava escrevendo os dois primeiros livros sobre Nostradamus, e minha atenção estava totalmente voltada para aquelas informações intensas e complexas.

Em pouco tempo, ficou obvio que não importava o tempo decorrido entre sessões. Anna foi capaz de retomar a história exatamente no mesmo ponto todas as vezes, como se não tivesse havido interrupção. Enquanto isso, ela continuou vivendo sua vida e disse que nem pensava na história da regressão. Para mim, isso significou mais uma evidência de que ela não estava fantasiando, pois não sentia a compulsão avassaladora de continuar a fazer as sessões. Elas eram quase um incidente em sua vida atribulada. Sua atenção só se voltava para a regressão durante a sessão. Quando acordava, Anna mostrava confusão e descrença, mas depois que eu voltava para casa, sua atenção tornava a focalizar sua rotina cotidiana. Naomi se recolhia aos recessos de seu subconsciente e aos recessos do tempo.

À medida que a história progredia, tinha-se a impressão de que Naomi não estaria presente em Jerusalém quando Jesus foi crucificado, pois ele lhe havia dito para ficar na aldeia. Na verdade, creio que ela não iria querer mesmo estar presente. Teria sido extremamente difícil e doloroso observar aquele espetáculo horrendo para alguém que estivera associada tão de perto com ele. Ela parecia ser tão sensível e atenciosa quanto Anna é hoje na vida real, e ela não poderia ter observado tal cena. Mas achei que certamente ela ouviria a notícia e as diversas versões e narrativas daquilo que aconteceu. Poderíamos aprender muito com esses relatos. Usei a senha de Anna e fiz a contagem regressiva.

D: *Vamos voltar à época em que Naomi estava morando na casa de Bendavid e Jesus tinha acabado de falar com ela. Vamos voltar a aquela época. O que você está fazendo? O que você vê?*

A: Estou encostada numa árvore. Estava caminhando. E tenho pensado. Parece que tenho uma visão mais clara do meu futuro.

D: *Pode compartilhá-la comigo?*

A: (Triste, mas não tão emocionada quanto antes, com calma resolução) Sei que estou destinada a seguir as peregrinações do Nazareno e servir nas aldeias e regiões onde as pessoas precisam de ajuda. E sei que vou voltar às colônias de leprosos e ser útil. Sei que as minhas visões têm estado repletas da verdade. E sei que o meu tempo com o Nazareno está se aproximando do fim.

D: *O que você quer dizer?*

A: Sei que ele não estará fisicamente conosco por muito tempo.

D: *Você diz isso por causa da visão que teve?*

A: Sim. E quando conversamos, ele me disse que eu vi a verdade. Ele disse que sua missão e seu propósito de caminhar entre as pessoas está chegando ao fim, pois seu propósito está quase terminado nesse corpo físico.

D: *Você decidiu o que vai fazer?*

A: Vou ficar nesta aldeia enquanto eu for necessária. E depois, vou viajar com os grupos menores que prestam serviço para os moradores das regiões nas quais a maioria das pessoas não vai. Quero ser útil onde as pessoas são mais necessárias, e há um grupo que faz a peregrinação o ano todo. Por isso, creio que meu destino é este.

D: *O Nazareno já foi embora?*

A: Ele vai sair de manhã.

D: *Sabe aonde ele está indo?*

A: Creio que ele vai fazer mais uma peregrinação. E depois, ele deverá ir a Jerusalém. Ele precisa encontrar algumas pessoas.

D: *Que pessoas? Você sabe?*

A: Sei que ele precisa ver alguns de seus seguidores. Pois ele também sabe que aqueles que desejam o seu mal virão procurá-lo em breve. E ele precisa se preparar.

D: *Ele lhe disse algo sobre o que sabe?*

A: Não, não com clareza. Ele só me disse que aquilo que vi era verdade e que estaríamos em contato, mas não mais em nossos corpos físicos.

D: *Estava curiosa para saber se você estava planejando ir com ele pela manhã.*

A: Não, ele não quer que eu caminhe com ele. Ele quer que eu fique nesta aldeia agora. Depois, ele acha que meus serviços serão muito importantes numa peregrinação. Ele sente que eu serei mais útil a serviço da causa e do espírito mantendo-me saudável e em segurança onde for possível.

D: *Você sempre quer fazer aquilo que ele quer que você faça.*

A: Sim, às vezes isso é difícil. Sei que sou realmente necessária aqui. Às vezes, sinto-me muito velha. Sinto-me em paz com minha decisão. Mas minhas visões são tão claras que sei o que vai acontecer. E este é o plano de Deus, e por isso eu o aceito com vigor.

D: *Sim, pois se ele também sabe o que vai acontecer, poderia evitar isso se quisesse.*

A: Mas ele foi enviado aqui com um propósito, tal como todos nós. E seu propósito foi cumprido. Por isso, ao ascender, ele vai continuar a crescer e fará muito mais coisas boas do que ficando agora no corpo físico. Por isso, ele o faz para seu crescimento no espírito.

D: *Você tem vontade de voltar a Jerusalém para ver seus pais?*

A: Tenho, mas isso fica para depois.

D: *Muito bem. Vamos avançar até a manhã em que ele está se preparando para partir. Você o vê antes de ele ir embora?*

A: (Triste, quase chorando) Sim. Algumas pessoas estão indo com ele. (Suavemente, quase inaudível) E... eu... eu estou tendo alguma dificuldade (ela começou a chorar) porque sei... sei que o seu caminho será repleto de dor e de acusações. E quando o vejo, com seus olhos tão bondosos e amáveis... Vejo o brilho dourado de seu coração e ao redor de sua cabeça. (Sua voz ficou entrecortada) E não consigo encontrar palavras. Desta vez, está sendo difícil vê-lo partir.

165

Esta emoção era contagiante. Foi difícil interrompê-la, mas era importante dar continuidade à história.

D: *Mas eles vão sair em peregrinação, é isso que você disse?*
A: Sim... e esta será a última dele.
D: *Ele se despediu de você?*
A: (Suavemente) Sim. Ele colocou as mãos no meu rosto, olhou para mim e... pediu-me para continuar a caminhar, sendo conduzida por meu coração e meu espírito. E essa é a verdade. (Chorando).
D: *Sei que você tem se sentido muito próxima dele e por isso é um momento emocionante. Mas é maravilhoso ter tido contato com uma pessoa assim. Muito bem. Vamos sair dessa cena e ir em frente. Quero que você vá até a próxima cena em que você o vê e tem contato com ele, se houver uma próxima vez.*

Eu não achava que haveria uma próxima vez, pois ela estava certa de que não tornaria a vê-lo antes de morrer, mas achei que deveríamos tentar. Acho que eu ainda tinha a esperança de haver um modo de levá-la a Jerusalém a tempo de presenciar a crucificação e obter um relato em primeira mão.

D: *Vamos avançar no tempo até a próxima ocasião em que você se encontra com ele.*

Quando terminei a frase, ela explodiu em lágrimas e emoções. Achei que ela estava vendo a morte dele.

D: *Está tudo bem. Se a incomodar muito, você pode ver a cena como observadora. O que está acontecendo?*
A: (Chorosa) Estou... é... oooh!
D: *O que foi?*
A: Estou na estrada, caminhando até a aldeia dos leprosos. E ele se foi. Quer dizer, ele morreu fisicamente. Mas lá está ele... eu o vejo! Eu o vejo na estrada!
D: *Pode me dizer a aparência dele?*
A: (Chorando) Ele parece ser o mesmo. Exceto por estar com um manto novo, ele parece o mesmo.
D: *Como se fosse físico, é isso? Faz tempo que ele se foi?*

166

A: Oh, a impressão é que faz vários meses.

D: *O que está acontecendo?*

A: (Ela estava quase tomada pela emoção) Ele... ele não está falando com a boca, mas com a mente. Ele queria que eu soubesse que ele sempre está comigo e que me ama. E que ele se orgulha por eu ter tido forças para continuar prestando meus serviços. E por não temer por mim, ajudando aqueles que não podem fazer muita coisa sozinhos. É por isto que ele escolheu esta ocasião para aparecer para mim.

D: *Você está sozinha na estrada quando o vê?*

A: Sim. Tirei um tempo longe da aldeia. Faço isto, saio para caminhar. E é seguro fazê-lo. Saio para caminhadas curtas se preciso pensar ou simplesmente quero me afastar e ficar sozinha por algum tempo.

D: *Então, ninguém mais o viu. Ele fica se comunicando por muito tempo com você?*

A: Não, mas ele me diz que está comigo e que vai ficar comigo e aparecer para mim. E que está num lugar melhor, onde tem coisas a fazer, onde ele é necessário (sorrindo).

D: *Então, ele simplesmente se afasta? Ou o quê?*

A: (Suavemente) Ele parece ter desaparecido. Estou novamente sozinha na estrada.

D: *Você deve ter ouvido histórias sobre aquilo que aconteceu com ele. Pode me contar? (Pausa) Você não estava lá, estava?*

A: (Ainda emocionada) Não. Mas havia soldados romanos, segundo entendi, e ele foi preso. E julgaram-no culpado (quase inaudível) e... o mataram.

Tive de fazer perguntas como se desconhecesse a versão da Bíblia a fim de não influenciá-la e para obter uma visão isenta.

D: *Os amigos dele não puderam fazer nada?*

A: Eles não tinham força suficiente. Não dá para lutar contra os soldados romanos se você não tem mais força, mais poder do que eles.

D: *Achava que não era possível condenar alguém à morte sem uma razão.*

A: Eles disseram que ele estava sendo blasfemo contra os romanos... o governo. Além disso, alguns líderes religiosos acharam que ele estava sendo blasfemo contra Deus e seus ensinamentos. Acharam que não podiam deixar esse homem viver, pois ele estava espalhando coisas assim contra o governo e contra o Templo. E acharam que ele era... acharam... (sua voz ficou entrecortada).

D: *O quê?*

A: (Ela se recompôs) Eles acharam que aquilo que ele estava dizendo não tinha verdade alguma e que ele andara mentindo para todos. Disseram que ele não podia fazer milagres. Tentaram forçá-lo a fazer milagres. E ele não os fez. Depois, houve agitação. Seus seguidores, seu punhado de seguidores estava lutando nas ruas com os soldados. E pessoas foram pisoteadas e morreram.

D: *Quer dizer que seus seguidores estavam lutando com os romanos por causa daquilo que estavam dizendo?*

A: Seus seguidores estavam tentando protegê-lo.

D: *Impedir que ele fosse preso, é isso?*

A: Sim, mas não havia um número suficiente deles.

D: *Então, alguns deles estavam morrendo nas ruas?*

A: Sim. Os soldados começaram a lutar e a cidade ficou caótica. Pessoas sendo pisoteadas e soldados correndo atrás de qualquer um.

D: *Você disse que tentaram levá-lo a fazer milagres e ele não fez. Você acha que ele não pôde ou simplesmente não quis?*

A: Creio... (firmemente) Creio que teriam encontrado uma maneira de matá-lo, fosse qual fosse. Creio que ele sabia que podem acontecer milagres com todos. Mas se eles não acreditam que podem ser curados ou que as coisas podem acontecer, eles não acontecerão. Ele não podia fazer um cego enxergar se o cego não queria enxergar. Ou se houvesse mais alguma coisa que o cego deveria fazer.

D: *Acho que foi um teste que estavam fazendo com ele.*

A: Um teste idealizado para que ele fracassasse, e ele sabia disso. Ele fez aquela viagem sabendo do resultado. Ele sabia o que ia acontecer. Eles não teria feito um teste para ele ter sucesso. Estavam se sentindo ameaçados demais.

D: *Seja como for, seria difícil fazer milagres naquele tipo de atmosfera.*

A: Sim. Além disso, ele não estava mais caminhando entre as pessoas com esse propósito. Por isso, fizeram... um julgamento que era uma zombaria. E depois, planejaram a sua... morte.

D: *Você sabe como ele foi morto? (Naomi suspirou profundamente). Sei que responder a essas perguntas pode perturbá-la, mas eu só queria saber o que lhe disseram.*

A: Bem, eles matam pessoas... fazem cruzes de madeira. (A palavra "cruzes" pareceu ser pouco familiar para Naomi). É assim que matam as pessoas hoje... da pior maneira. Eles montam essas cruzes de madeira e pregam as pessoas nelas. E deixam-nas morrer. Matam pessoas, muitas pessoas, dessa maneira. Especialmente aquelas que querem usar como exemplo para os outros. Querem se assegurar de que podem controlar as massas pelo medo.

D: *Parece ser uma forma horrível de se fazer isso. Você ouviu outras histórias sobre o que aconteceu nessa ocasião?*

A: Ouvi muitas histórias. Não sei o que é verdade de fato. Mas algumas pessoas dizem que viram-no morrer naquela cruz e que ele apareceu para elas naquela noite ou no dia seguinte. E também ouvi dizer que não conseguiram encontrar seu corpo. Ouvi muitas coisas.

D: *Você falou com alguém que estava fisicamente presente quando ele morreu?*

A: Sim. Falei com pessoas que o viram na cruz.

D: *Elas lhe disseram alguma coisa que aconteceu enquanto ele estava morrendo?*

A: Disseram que, de algum modo, ele conseguiu controlar a dor.

D: *Isso é maravilhoso. Então, você sabe que ele não sofreu.*

A: Ouvi alguém dizer que viram o mesmo tipo de brilho que eu via em seu centro do coração e em sua cabeça. Viram as mesmas luzes douradas. Também viram quando ele foi tirado da cruz de madeira e que seu rosto estava calmo. (Pausa reflexiva) Mas ouvi dizer que as pessoas viram-no aparecer depois.

D: *Ele ficou pendurado por muito tempo? Ouvi dizer que leva um longo tempo para morrer daquela maneira.*

A: Não me lembro do tempo. Não me lembro...

D: *Mas ele conseguiu controlar a dor.*

A: Sim. Isto eu ouvi de várias pessoas. Elas ficaram surpresas com a calma dele. Foi como se ele não estivesse ali. (Pausa) Pela manhã, ele estava... sei que o removeram no começo do alvorecer.

Esta mesma declaração, sobre Jesus não ter sofrido e aparentemente não ter sentido dor, foi relatada em *Jesus e os Essênios*. Foi como se ele tivesse se retirado, talvez saindo de seu corpo. Qualquer que tenha sido a forma de conseguir isso, ele era suficientemente avançado para saber como se separar daquilo pelo que seu corpo estava passando. Também foi relatado que ele morreu num período de tempo muito inferior a aquele normalmente necessário para a morte pela crucificação. Por isso, parece que ele tinha controle total sobre seu corpo físico.

D: *Você disse que ouviu as pessoas comentarem que não conseguiram encontrar o corpo dele?*
A: Foi o que eu ouvi.
D: *O que você ouviu a respeito disso?*
A: Ouvi que puseram seu corpo deitado e o cobriram. E que havia soldados montando guarda.
D: *Por que havia soldados lá?*
A: Creio que os romanos estavam com muito medo de seus seguidores e de sua reputação. Estavam ficando preocupados. Por isso, acho que eles pensaram que ele era prisioneiro do governo.
D: *Mesmo depois de morto?*
A: Sim. Acho que ficaram com muito medo porque ele havia demonstrado muito controle. Por isso, não podiam mais deixá-lo vivo. Ouvi dizer que seus seguidores iam pegar seu corpo.
D: *E por isso puseram soldados ali?*
A: Sim. Mas ouvi dizer que quando foram tirar o manto, o corpo não estava lá. Foi isto que ouvi (rindo, como se fosse algo absurdo). Não sei. Os soldados foram conferir. Creio que os seguidores e a família acabaram obtendo permissão para ver o corpo. E creio que, no final, o governo pode ter entregado o corpo à família. Mas foram conferir e disseram que o corpo havia sumido. Não sei o que pode ter acontecido de fato. Eles podem ter drogado ou embriagado os soldados. Os seguidores poderiam ter removido o corpo. Podem ter feito muitas coisas para que parecesse que o corpo havia desaparecido sozinho.
D: *É difícil acreditar nisso, não é?*
A: Sim. Há muitas histórias circulando. E se você não estava lá... elas aumentam. As histórias aumentam quando chegam até você. Mas sei que o governo e o Templo temiam seus seguidores e seu poder,

bem como os milagres e curas que aconteceram. Estavam se sentindo ameaçados, e por isso, mais cedo ou mais tarde, iriam encontrar um modo de matá-lo.

D: *Sim, dá a impressão de que o viam como uma ameaça. Mas sabemos que ele nunca fez nada que pudesse prejudicar alguém. Você disse que também ouviu histórias de que ele apareceu para as pessoas? Quero dizer, tal como ele apareceu para você na estrada?*

A: Ouvi dizer que ele começou a aparecer justamente em Jerusalém.

D: *Sabe para quem ele apareceu?*

A: Não. Para grupos diferentes. Só ouvi dizer que ele começou a aparecer em alguns lugares.

D: *Queria saber se a aparência dele era como quando você o via ou se ele se parecia mais com um espírito. Disseram que o reconheceram?*

A: Disseram que ele apareceu e depois sumiu. Mas sua aparência era a mesma. Reconheceram-no.

D: *Alguém disse se ele conversou com as pessoas?*

A: (Pausa) Um grupo disse tê-lo ouvido dizer que eles estavam perdoados. Não ouvi o que os outros disseram, mas nem sempre ele falou. Às vezes, ele simplesmente aparece.

D: *Você sabe se ele apareceu para algum de seus seguidores, além de você?*

A: Sim. Ouvi dizer que ele apareceu para eles,.., e disse que perdoava todos, e que eles deviam encontrar forças para viver a verdade e dar continuidade aos ensinamentos de Deus.

D: *O que você acha que ele quis dizer com "perdoava todos"? Seus seguidores?*

A: Porque havia alguém – na verdade, mais do que um. Ele foi traído. Os romanos tinham de saber como enganá-lo na frente do público.

D: *O que você ouviu a respeito disso?*

A: Os romanos encontraram seguidores que podiam ser pagos com poder ou riqueza.

D: *Eu nunca teria imaginado que algum de seus seguidores poderia fazer isso.*

A: Havia muitas pessoas que diziam ser seguidoras, mas o homem pode ser tentado facilmente quando o assunto é facilitar sua vida pessoal. E não são muitos os que se arrependem depois.

D: *Não consigo imaginar que alguém que tenha convivido com ele possa tê-lo traído.*

A: Os romanos sabiam quem procurar.

D: *Como foi que o traíram?*

A: Deram informações aos romanos que serviriam para montar um plano ardiloso que lhes permitiria acusá-lo, bem como o levaria a fracassar. Vieram com a ideia de apresentar um desafio que eles sabiam que não tinha como ser vencido. Fariam com que alguém não fosse curado, que o milagre não acontecesse. Sabiam como fazer o público pensar que o Nazareno não fazia nada daquilo. Que ele era contra o povo. Havia uma grande multidão reunida e os soldados romanos começaram a questionar o Nazareno em público, a acusá-lo e fazer com que ele parecesse tolo. E a multidão era grande. Quando ele não pôde fazer aquilo que lhe pediram, eles gritaram, "Ele não fez nenhuma das coisas que as pessoas dizem que ele faz. Ele é uma espécie de... demônio". Transformaram a multidão num tumulto. Foi uma baderna.

D: *Mas antes você me disse que já haviam tentado fazer esses testes com ele e Jesus conseguiu desmascará-los. Por que ele não fez isso desta vez?*

A: Ele sabia que havia chegado a sua hora. Era assim que ele deveria ascender. Ele sabia disso quando se voltaram contra ele. Ele sabia que as massas, o povo, não estava pronto para suas propostas sobre a vida e a verdade. Ele sabia que havia um pequeno grupo de pessoas que daria continuidade a seu trabalho. Mas sabia que este mundo era brutal e primitivo demais, e assim ele cumpriu seu propósito. Nesse momento, ele já havia feito o que podia fazer. E chegara sua hora de trabalhar numa área diferente.

D: *Você ouviu outras histórias sobre pessoas que o teriam visto após sua morte?*

A: Sim. Com o passar dos meses, comecei a ouvir que ele havia aparecido em algumas das aldeias menores que ele costumava visitar, aquelas onde tinha seguidores. E... ouvi falar dessas coisas mas eu... dizem que ele realizou curas e milagres. Sei que as pessoas devem tê-lo visto, mas me pergunto se entre seus seguidores, se eles estão vivendo a verdade, se provavelmente estão realizando suas próprias curas. E sentindo isso, como eles o viram, ele realizou os milagres. Mas penso que o fato de vê-lo deu-lhes força e fé para prosseguir.

172

D: *Pode ser. Bem, o que aconteceu com seus seguidores?*
A: Eles vivem com muito medo. Aqueles que moram na cidade, onde acham que estão seguros, continuam a fazer reuniões nos porões. E aqueles que vivem nas aldeias mais remotas vão tocando a vida. Ainda são seus seguidores, mas podem ser seus seguidores e o governo não precisa saber disso. E há as pessoas que fazem as peregrinações... bem, ninguém se incomoda mesmo com as pessoas que elas ajudam. Por isso, estão razoavelmente seguras.
D: *Os romanos não as veem como uma ameaça.*
A: Não. O governo não se importa com leprosos e nem com aldeias muito pobres. Eles não vão ajudar. E ninguém quer cuidar dos doentes. Temem as doenças. Por isso, estamos seguros.
D: *Provavelmente, devem pensar que sem um líder os demais não vão fazer nada.*
A: Isso é verdade. Desse modo, podem manter tudo sutil e abaixo da superfície, continuando a ensinar e a viver a verdade da melhor maneira possível.
D: *Agradeço-lhe por me contar as histórias que você ouviu. Pelo menos, você sabe que o viu, e assim sabe que essa parte é verdadeira.*
A: Sim, e eu o sinto. Sabe, estou tomada. Sei que ele está comigo.
D: *Você já voltou a Jerusalém para ver seus pais?*
A: (Suspiro) Farei isso na minha próxima peregrinação até aquela área.
D: *Será que eles estão imaginando o que aconteceu?*
A: Tentei mandar mensagens para eles por meio de pessoas que iam naquela direção. Espero que tenham recebido.
D: *Se você tiver a chance de conversar com eles, talvez eles conheçam mais fatos sobre aquilo que aconteceu, pois eles estavam na mesma cidade. Muito bem, vamos sair dessa cena. Vamos avançar até a próxima vez que você vai visitar seus pais em Jerusalém. Vamos até esse momento. Alguma vez você voltou a Jerusalém?*
A: Sim.
D: *Imagino que deve ter sido algo emocionante depois de ficar tanto tempo sem vê-los.*
A: Sim. Eles estão... oh, percebi... bem, estou bem mais velha. Por isso, percebi a idade, mas também percebi a tristeza. Há uma tristeza calma neles.

D: *Você sabe o que teria causado isso?*

A: Foi a agitação no governo e o fato de serem puxados para muitas direções. Tem sido bem difícil para eles. Eles acreditavam naquilo que o Nazareno disse, mas não eram seguidores de verdade. Apegavam-se a algumas de suas crenças tradicionais, mas não chegavam a acreditar nas leis do Templo por causa da crueldade e da injustiça. Portanto, fazem o melhor que podem simplesmente para sobreviver no dia-a-dia.

D: *Mas você não havia dito que seu pai era irmão do Nazareno?*

A: Ele era seu meio-irmão, mas algumas de suas crenças eram diferentes. Creio que depois do que sofreram com a forma como ele morreu, e sabendo que ele foi acusado de coisas que não eram verdade, perderam parte da coragem. Agora, estão apenas tocando a vida, vivendo discretamente.

D: *Posso entender isso. Você pode perguntar se eles estavam lá quando ele morreu?*

Ela falou lentamente, como se tivesse perguntado a eles, eles estivessem respondendo e ela estivesse repetindo.

A: (Triste) Eles o viram na cruz. E rezaram. Meu pai disse que houve um momento em que ele olhou para cima e seus olhos se encontraram. Ele disse que sentiu... sentiu calor e amor. (Emocionada) E ele disse que não era algo deste mundo.

D: *Pode perguntar a ele se aconteceu alguma coisa incomum ou extraordinária? (Sua expressão facial mostrou emoção) O que foi?*

A: Bem... (suspiro profundo) ele disse... e é como se eu estivesse vendo isso pelos olhos do meu pai. Ele disse que quando o tiraram da cruz, ele teve uma visão do irmão num manto limpo, como se estivesse noutro corpo... (chorando) como se o corpo físico fosse por um lado e este outro corpo que se parecia com ele quando eles se viam antes, integro e saudável, fosse por outro lado. Ele viu a mesma coisa que eu vi na estrada. (Chorando) E ele descreveu a mesma coisa, o mesmo sentimento.

D: *Pergunte-lhe se ele ouviu as histórias sobre o desaparecimento do corpo dele. Ele soube de algo sobre isso?*

A: Sim. Ele disse que na manhã seguinte foram pegar o corpo. E quando abriram a tampa de granito, viram que o corpo tinha sumido.

D: *Ele viu que tinha sumido?*

A: Sim, mas não sabe explicar como isso aconteceu. Como eu, ele disse que muitas coisas podem ter acontecido, seja com os soldados, alguns seguidores próximos ou pessoas religiosas. Depois daquilo que ele viu na cruz, meu pai sentiu que o corpo físico não teve mais sentido. Mas ele disse que o corpo não estava lá.

D: *Havia mais alguém com seu pai quando ele foi lá?*

A: Ele disse que havia alguns dos seguidores que caminhavam com o Nazareno. Talvez uma dúzia deles.

D: *O que os soldados pensaram quando viram que o corpo sumiu?*

A: No começo, os soldados entraram em choque. Depois ficaram furiosos, pois sabiam que seriam considerados responsáveis por qualquer coisa que tivesse acontecido. Mas ficaram claramente chocados, pois não tinham ideia de como o corpo havia desaparecido.

D: *Então, ao que parece, não tiveram nada a ver com aquilo.*

A: Não. Creio que há diversas espécies de ervas ou especiarias que se pode misturar em bebidas ou comidas para fazer uma pessoa dormir. Então, não sei. Há muitas maneiras para isso ter acontecido. Pelo que disseram, os soldados não se lembram de nada.

D: *Sim, isso parece possível. Será que alguém passou por eles e pegou o corpo?*

A: Acho que isso poderia ter acontecido.

D: *O lugar onde ele estava não se achava lacrado ou coisa assim?*

A: Ele foi posto num túmulo e este túmulo foi guardado pelos soldados. Então, teria sido necessário certo planejamento para fazer isso, caso o corpo não tivesse desaparecido por conta própria.

D: *Você acha isso possível?*

A: Acho que não.

D: *Isso teria sido estranho.*

A: Sim. Não sei o que o governo, os seguidores, os líderes religiosos ou quem quer que possa ter feito isso estavam planejando.

175

D: *Sim. De qualquer modo, o corpo sumiu. Eu achava que o túmulo estava selado para que ninguém pudesse entrar.*

A: Deveria ser assim. Mas teria sido necessário mais do que duas pessoas para remover a tampa do túmulo. Ela era muito pesada. Portanto, alguma coisa foi planejada.

D: *Você vai ficar com seus pais por muito tempo?*

A: Não, será uma visita curta. Tenho vários lugares para visitar, tenho de cuidar de algumas pessoas.

D: *Você está sozinha?*

A: Não, estou com outros seguidores que vieram a Jerusalém. Não ando sozinha pela estrada. Geralmente, é um pequeno grupo.

D: *Bem, sei que seus pais ficaram felizes ao vê-la e ao receberem sua visita.*

A: Sim. Foi bom vê-los. Mas este lugar ficou muito estranho para mim.

D: *Deve parecer que se passou um longo tempo desde que você saiu daí.*

A: Sim. E a atmosfera desta área não parece ser boa para mim.

D: *Imagino que tenha havido muitas mudanças desde que você saiu. Você mudou de diversas maneiras desde que saiu da casa de seus pais.*

A: Sim. (Riso) Vidas.

D: *Muitas mudanças. Certo. Vamos sair dessa cena. Agora, quero que você avance mais uma vez até um dia importante de sua vida, algo que aconteceu depois dessa época. Um dia importante, quando algo que você considera importante esteja acontecendo. Vou contar até três e estaremos lá. 1... 2... 3... é um dia importante em sua vida. Um dia que você considera importante. O que você está fazendo? O que está vendo?*

A: Estou numa aldeia. E estou um pouco mais velha. (Sua voz pareceu claramente mais velha). Mas temos tido sucesso em desenvolver uma comunidade baseada na verdade e nos ensinamentos do Nazareno e de Deus. Sei que este grupo vai sair para ensinar os outros e que isso nunca vai morrer. E um dia, esta esperança que temos para a humanidade vai se tornar aquilo que ele queria que fosse. Logo, acredito que este dia é importante, especialmente porque sei que minha hora está se aproximando. E posso ascender com o coração pleno, sabendo que ensinei muita gente e que estas pessoas são sinceras. Elas vão continuar a ensinar os outros e a crescer. Já faz muitos anos que estou com esta minha família nesta comunidade. E estamos em segurança. Estamos protegidos do governo e da religião. Ainda podemos sair em peregrinações e sermos úteis. E estamos crescendo, temos força.

D: *Alguém chama a sua aldeia por algum nome?*

A: Sim. Nós a chamamos Bethsharon. (Fonético. Tônica na última sílaba).

Meu consultor judeu disse que Beth na frente do nome de um lugar significa "casa" (um exemplo é Bethlehem, nome de Belém em inglês, que significa "Casa do Pão"). Ele disse que Bethsharon poderia significar "Casa das Rosas", pois Sharon é uma flor. Isso pareceu plausível e coerente com os topônimos judaicos. Depois, quando fiz a minha pesquisa, descobri uma cidade que existia na época de Cristo e que ficava localizada diretamente no Rio Jordão, posicionando-a num lugar apropriado. Era Bete-Seã (que significa "Casa de Descanso", "Casa de Tranquilidade", "Casa de Segurança" ou "Morar em Quietude"). Bete-Seã era mais conhecida na época de Cristo por seu nome grego, Citópole, e era uma cidade grande. Com certeza, a aldeia dos leprosos não seria do tamanho de uma cidade grande, mas seu nome judaico certamente se aplicaria a um lugar de isolamento. Estou apenas presumindo, mas talvez, quando o nome grego ganhou proeminência, os seguidores de Jesus tenham escolhido o nome judaico para a aldeia menor. Pode ser que o nome fosse de fato Bethsharon, e Bete-Seã seria apenas uma similaridade fonética próxima. Sabe-se tão pouco sobre os nomes de lugares das cidades daquele período de tempo que qualquer coisa é possível.

D: *Você chegou a se casar?*

A: Não. (Riso) Isso foi há muito tempo atrás. Eu sabia que estava casada com minhas crenças. E que só poderia fazer o trabalho mais sincero, meu melhor trabalho, ficando sozinha e tendo a liberdade de perambular e de prestar serviços. Eu não poderia ter ensinado todas essas crianças, ajudado todos os órfãos e criado nossa própria família se tivesse casado.

D: *Como você disse que estava lá com sua família, pensei que você estivesse se referindo a isso.*

A: A aldeia toda é a minha família. Somos todos uma família.

D: *Você voltou a ver Jesus depois, além daquela ocasião na estrada?*

A: Sim. Eu o vejo de vez em quando, com a mesma aparência. E creio que, com a idade, também o vejo mais na minha mente. Mas ele aparece quando saio para caminhar sozinha.

D: *E ainda tem a mesma aparência?*

A: (Afetuosa) Sim.

D: *O que ele lhe diz nessas ocasiões?*

A: Oh, muitas coisas. Mas o principal é manter viva a esperança. Ele também disse que seus ensinamentos e a verdade vão tornar a crescer no coração das pessoas. E que, deste modo, ele vai voltar a aparecer. Ele sabe que a humanidade pode viver sem as barreiras dos governos e das religiões. Por isso, ele fica dando esperança e incentivo para aqueles que ensinam a verdade.

D: *Você acha que ele quer que você funde uma nova religião?*

A: Não, não. Ele só quer divulgar a verdade do cuidado com o próximo e da sinceridade com o espírito, que é Deus. Ele nunca desejou uma deificação. Ele queria que nos amássemos uns aos outros tal como gostaríamos de ser amados.

D: *Tem alguém falando de criar uma religião em torno dele e de seus ensinamentos?*

A: Bem, muitos prosseguiram. Alguns discípulos tentaram ganhar poder através de seus ensinamentos, provando que o que ensinavam era o único caminho. Mas essa não é a verdade. Não era esse o seu caminho. Logo, estão criando exatamente aquilo de que ele estava se afastando quando saiu do Templo. É isso que está acontecendo.

D: *Qual é a diferença entre chamar alguns de "discípulos" e outros de "seguidores"?*

A: Acho que quando penso nos discípulos, penso principalmente neste pequeno grupo que ficava com ele. Mas os seguidores são todas essas pessoas que acreditavam em sua palavra, as massas.

D: *Fiquei curiosa porque você também esteve com ele durante algum tempo.*

A: Sim. Mas para mim foi apenas porque eu conhecia meu propósito. Eu tinha clareza. Eu tinha algo muito especial. Eu não queria obter controle, só queria a verdade.

D: *Então, alguns deles quiseram obter poder e não era isso que ele queria?*

A: Nem de longe. Foi por isso que ele deixou a Terra tão jovem. Ele sabia que não era o tempo. Ele tinha feito tudo que podia.

D: *Certo. Agradeço-lhe por conversar comigo e me contar todas essas coisas. Quero voltar para conversar novamente com você noutra ocasião. Vamos sair dessa cena.*

Então, eu trouxe Anna de volta à consciência plena. Quando Anna acordou, ela ainda se recordava da cena da crucificação. Liguei novamente o gravador para registrar seus comentários.

D: *Você disse que quando viu a cena através dos olhos do seu pai, ela pareceu horrível, pois havia sangue sobre todo o corpo de Jesus, não apenas em determinados lugares.*

A: Se você o visse naquela cruz, tal como eu o vi através dos olhos do meu pai, você tremeria e ficaria tão chocada que mal conseguiria respirar, vendo tamanha barbárie sendo praticada contra outro ser humano. Você pensaria na dor insuportável dos pregos atravessando o seu corpo. E também nas facadas e no sangue saindo de você. Ele estava quase acinzentado. Ele não parecia mais ser feito de carne.

D: *Então também havia facadas nele?*

A: Vejo sangue saindo de vários lugares. Creio que sim, acho que ele foi ferido em vários lugares. Contudo, como eu disse, sei que fisicamente ele não estava sentindo nada.

D: *Ele tinha alguma coisa na cabeça?*

A: Seus cabelos pareciam bem emaranhados. Tinham lama e estavam molhados.

D: *Estava curiosa, pois, como sabe, temos imagens daquilo que achamos que aconteceu.*

A: Sim. Mas eu não vejo uma... agora, esta sou eu dizendo que vi imagens dele. Os cristãos dizem que ele tinha uma coroa de espinhos, mas não estou vendo isso claramente. O que vejo, como disse, são cabelos emaranhados, sujos, enlameados. Talvez tenha sido por rolar no chão ou algo assim, poeira, folhas ou...

D: *Talvez tenha sido isso que estivesse acontecendo de fato com ele.*

A: Não sei.

D: *Talvez os cortes também tenham acontecido antes de ele ter sido posto na cruz.*

A: Sim. (Uma revelação súbita) Oh, eu sei! Creio que a sensação que estou tendo é que soldados ou pessoas na multidão estavam dando estocadas nele. Sinto que estavam acontecendo coisas assim.

179

Acho que ele estava ciente de todas as etapas pelas quais iria passar antes que acontecessem. E acho que ele estava se preparando a cada passo. Creio que até na cena da multidão ele estava se preparando para a dor. Porque acho que a dor foi causada por pessoas que o esmurravam, empurravam para o chão e praticamente o pisoteavam.

D: *Bem, para mim, tem lógica o fato de ele não sentir nada, pois ele seria capaz de se isolar disso tudo.*

A: Sim, e acho que ele estava fazendo isso antes mesmo de ser posto na cruz. Eu pude ver isso através dos olhos de meu pai. Agora, todas essas coisas estão voltando. Posso sentir meu pai fazendo contato visual com ele. Quando seus olhares se encontraram, foi como se seus olhos fossem os olhos de... outra pessoa. Quer dizer, eram seus olhos, mas não demonstravam dor. Preenchiam meu pai com calor e amor, dizendo que estava tudo bem.

Capítulo Onze

A morte é apenas outra peregrinação

EU SABIA que teria de fazer mais uma sessão para completar a história da associação entre Naomi e Jesus. Teríamos de levá-la até a última parte de sua vida. Eu também queria descobrir outras coisas que ela tivesse ouvido sobre ele, rumores ou fatos. Usei a senha de Anna e fiz a contagem regressiva.

D: 1... 2... 3... voltamos no tempo até a época em que Naomi vivia, já no final de sua vida. O que você está fazendo? O que está vendo?

A voz de Anna pareceu envelhecida, cansada, e ficou assim durante toda essa sessão. Foi um contraste e tanto com a natureza inocente e ingênua da menina de treze anos cuja história dominou a maior parte desta narrativa.

A: Estou na aldeia com as pessoas leprosas. E estou cuidando delas.
D: Você nunca pegou alguma doença deles?
A: Não. Não, tive boa saúde na maior parte da minha vida. Aprendi muitas coisas sobre cura. E me protegi.
D: Esse é um receio comum entre as pessoas, não é? Elas têm medo de pegar essa doença?
A: Sim. E é o medo que causa a maioria das doenças.
D: As pessoas comuns têm medo de entrar naquela aldeia, não têm?
A: Sim. É difícil conseguir gente para cuidar daqueles que realmente necessitam de ajuda.
D: Qual a sua idade aproximada agora?
A: (Suspiro) Eu tenho... sessenta... e oito. (Não pareceu ter certeza).
D: Então, você viveu muito, não é?
A: (Com fraqueza) Sim, vivi.
D: E como você se sente com relação à sua vida?

181

A: Sinto... sinto que fui abençoada de muitas maneiras. Sinto que fui útil. E procuro ir em frente.

D: *Você chegou a se casar?*

A: Não. Cheguei muito perto. Mas não teria dado certo.

D: *Você se arrependeu disso?*

A: De modo geral, não. Eu teria me ocupado com outras coisas. Conheço o homem que amei... fui abençoada com esses raros momentos. Mas isso, em si, foi suficiente para ocupar aquela parte da minha vida. Eu sabia que tinha outras coisas para fazer.

D: *Você foi dedicada mesmo. Chegou a voltar a ver seus pais?*

A: (Suspiro) Ah, sim. No começo, quando estavam vivos, se eu estivesse em peregrinação, poderia ser uma vez por ano. E com menos frequência depois disso. Ficou mais difícil viajar. E ficou mais difícil encontrar pessoas para treinar e ocupar o meu lugar.

D: *Então, você passou a maior parte de sua vida naquela aldeia dos leprosos?*

A: A maior parte do meu tempo. Mas fui a outras aldeias. Algumas das aldeias eram comunidades regulares onde se faziam reuniões para curas e ensino das leis de Deus. E outras eram apenas para servir aonde eu fosse necessária.

D: *Alguma dessas aldeias era grande?*

A: Não. Em sua maioria, eram apenas comunidades pequenas onde as pessoas não conseguiam obter assistência.

D: *Estava querendo saber seus nomes para ver se conseguia reconhecer alguma delas.*

A: Bem, eu continuei a voltar a Bar-el quando podia. Fui à aldeia de Ramat (fonético) e à colônia dos leprosos, Grafna (fonético).

Não me surpreendi por não conseguir encontrar nenhuma dessas cidades no atlas atualizado de Israel. Minha pesquisa revelou que havia um grande número de comunidades pequenas naquela área cujos nomes (se é que foram registrados) não chegaram até nós, ou então mudaram ao longo dos séculos. O judeu que me ajudava na pesquisa disse que os nomes dessas cidades certamente eram judaicos. Bar-el significaria "Fonte de Deus", Beth-sharon (mencionada antes) significaria "Casa de Rosas". Ramat significa "colina" e provavelmente havia outra palavra no nome. Ele não conseguiu identificar Grafna de imediato; só soube dizer que tinha uma sonoridade claramente judaica. Quando contei estas coisas a Anna, ela disse que isso a fez congelar. Ela sabia que esses detalhes não teriam saído de sua mente consciente, pois ela não sabia hebraico e não tinha sido exposta à língua em seu templo (o Templo Judeu Reformado). Antes, eu pensava que todo judeu soubesse hebraico automaticamente, mas imagino que isso seria tão ilógico quanto esperar que todos os católicos soubessem latim.

D: *Mas você ficava principalmente naquela área? É isso mesmo?*
A: Sim. Para mim, foi ficando cada vez mais difícil viajar. E acabei passando a maior parte do meu tempo ali, onde eu sou mais necessária.
D: *Você vai a Nazaré?*
A: Já estive lá, sim.
D: *Como é Nazaré? É uma cidade grande?*

Estava tentando comparar sua descrição com aquela feita por Katie em *Jesus e os Essênios.*

A: Era uma cidade de tamanho razoável. Ruas ventosas e prédios brancos. Um mercado na velha comunidade.
D: *A área de Nazaré é como Jerusalém?*
A: É similar, mas menor. Lembro-me... lembro-me da área central onde há um mercado... e as pessoas vão buscar água. Deixe-me ver. E há algumas colinas ao fundo. Mas ela é pequena se comparada com a outra cidade.
D: *Estava curiosa para saber se a região pela qual você precisava viajar era parecida.*
A: Ah, o interior. Ele é... vejo algumas colinas. Vejo... estradas empoeiradas. Oh, poderia ser parecido, sim.
D: *Ouvi os nomes de alguns lugares e queria saber se você os teria visitado em alguma de suas peregrinações. E Cafarnaum? Você já ouviu falar nesse lugar?*
A: Sim. Cafarnaum.
D: *Fica perto de lá?*
A: É este... já faz um bom tempo. Creio que é mais distante, longe de Jerusalém. Estou pensando em riqueza... Lembro que havia um rico proprietário de terras lá, e houve alguns problemas. Mas eu passava o tempo principalmente onde era necessária, servindo na capacidade para a qual fui treinada.

D: *E o Rio Jordão? Já ouviu falar nele?*
A: Ah, sim! O Rio Jordão, sim. (Pausa, como se estivesse pensando). Este... eu me lembro quando era mais jovem e caminhava por esta área. Era lindo. Sim. (Pareceram-me reminiscências).
D: *Já ouviu falar em um lugar chamado Qumran?*

Essa era a localidade onde ficava a comunidade secreta e escola de mistérios dos essênios, nos penhascos acima do Mar Vermelho.

A: Ah, sim. (Riso) O Nazareno... ouvi esse nome do Nazareno. E me lembro de meus pais falando nele. Era uma comunidade na qual se seguiam certas crenças e se ensinavam várias coisas. E o Nazareno passou algum tempo lá.

Quando ela chamou Qumran de comunidade, foi uma confirmação. Ela sempre foi chamada assim, mesmo pelos arqueólogos. Ela nunca foi tratada como cidade ou aldeia.

D: *Ele lhe disse isso?*
A: Lembro-me de ele ter me dito isso, sim. Ele me disse quando estava me ensinando a cura e a ser prestativa.
D: *O que ele lhe disse sobre o período que passou lá?*
A: Ele me disse que aprendeu sobre a antiga Árvore da Vida. Disse-me que aprendeu filosofias e cura. E aprendeu coisas que não são ensinadas na educação normal.
D: *É nesse tipo de comunidade que coisas assim são ensinadas?*
A: Sim. E na escola de lá. Mas creio que esta comunidade tem uma filosofia diferente.
D: *Você acha que pode ter sido lá que ele aprendeu muitas das coisas que usou?*
A: Creio que isto é verdade, sim. Creio que ele também pode ter sido excepcional na busca de informações que os outros estudantes talvez não procurassem. E tenha tido acesso a materiais a que só uns poucos tinham acesso. Pois ele estava interessado e descobria coisas que ele questionava nele mesmo.
D: *Dá a impressão de que ele aprendeu coisas que a pessoa normal não conhece. Essa deve ser uma escola diferente.*

184

A: Sim. Eles aprendiam como viver em conjunção com o universo e a conectividade de todas as coisas. É o caminho desta Árvore da Vida.

D: *O que você quer dizer com Árvore da Vida?*

A: A árvore da vida é o antigo mistério que algumas pessoas ocultaram e nunca ensinaram novamente. O Templo não ensinaria isso.

D: *Por que não? Estou sempre procurando conhecimento. Não consigo entender pessoas que o ocultam.*

A: Porque perderiam o controle se as pessoas fossem capazes de descobrir a verdade dentro delas mesmas. Ou se tivessem compreensão e aprendessem sozinhas, mantendo seu próprio poder e fé na conectividade com todas as coisas e sua fonte em Deus.

D: *Por que considerariam a Árvore da Vida como algo que as pessoas não deveriam conhecer?*

A: Porque é a verdade. São os diversos caminhos da essência, do corpo e da alma de uma pessoa e sua conectividade com o sol, a lua e as marés. Explica porque as coisas existem e o que são elas.

D: *Creio que são coisas maravilhosas para se conhecer.*

A: São aquilo que chamam de "Cabala".

D: *Ah, já ouvi essa palavra. Deve levar muito tempo para aprender todas essas coisas.*

A: É preciso ter muita dedicação, pois não é tarefa fácil assimilar toda a informação e aprender a usá-la na vida cotidiana. Você não consegue passar essa informação para as pessoas comuns, pois é complicada demais. Por isso, precisa aprender a filtrar tudo de forma simplista para poder usar a informação em sua vida cotidiana, prestando serviços desta maneira.

D: *Ele tentou ensinar algumas dessas coisas a seus seguidores?*

A: Penso que sim, pois pudemos entender tudo com suas próprias interpretações.

D: *Quer dizer que ele fez com que isso não parecesse tão complicado? Alguma vez você foi a Qumran?*

A: Não, não me recordo de ter estado lá, não.

D: *Já ouviu falar do Mar Morto?*

A: Sim, ouvi falar dele. Ele tem outro nome, mas conheço o nome que você usou.

D: *Qual o nome pelo qual você o conhece?*

A: (Muita hesitação enquanto ela tentava lembrar do nome). É uma coisa... Elot? Elot, talvez a Pedra Elot... Elot? Tem uma praia, eu me lembro.

D: *Também já o ouvi sendo chamado de Mar da Morte e muitos outros nomes. Você sabe por que o chamam assim?*

A: Não sei. (Riso) Acho que não me lembro. O Mar Morto? Não consigo realmente me lembrar se eu o conheci com esse nome, embora me soe familiar, mas não...

D: *Tudo bem. Estava curiosa. Esses eram alguns nomes de lugares de que ouvi falar.*

Ao acordar, Anna disse que, como Naomi, ela conhecia esses lugares por outros nomes, mas não conseguia se lembrar deles. Ela achava que o Mar Morto era chamado por algo parecido com "Lago de Asfalto". Ela ficou incomodada por não conseguir se lembrar dos nomes corretos. Mas era perfeitamente compreensível, pois estávamos conversando com uma Naomi mais velha, que provavelmente não viajava havia algum tempo. Naquele momento de sua vida, ela se dedicava a cuidar das necessidades dos leprosos.

Mais tarde, lembrei-me da conexão com o personagem bíblico Lot ou Ló, cuja história estava claramente associada com Sodoma e Gomorra, cidades que ficaram submersas nas águas do Mar Morto. A Pedra de Elot podia se referir ao lendário Pilar de Sal. É uma possibilidade.

O Lago de Asfalto também era outro nome do Mar Morto por causa da grande quantidade de piche e alcatrão de lá. Outro nome antigo era Mar de Ló.

D: *E Betesda? Já ouviu falar dela?*

A: Betesda? Acho que fica na mesma área. Parece ser outra comunidade pequena. Todos esses nomes são bastante familiares, mas tenho vivido afastada das cidades ou aldeias menores.

D: *Estava pensando que talvez você as conhecesse por nomes diferentes. Mas então você tem permanecido naquela área. Você tem estado associada a muitos seguidores?*

A: Logo após a sua morte, muitos deles se espalharam e seguiram seus caminhos, temendo por suas vidas. Viveram com medo por muitos anos e tornaram a se esconder nos porões. Eu fiquei forte e (suspiro) escutei minha própria voz interior e meu centro do coração e segui meu caminho. Sinto muita tristeza, pois as pessoas não entenderam o que ele realmente estava tentando fazer. Eram as pessoas que ele estava se esforçando para alcançar, mas que não conseguiam lidar com a verdade sobre seus ensinamentos, sobre Deus, sobre a manipulação feita pelo Templo e pelo governo. Para as pessoas, é muito mais fácil aceitar suas vidas normais, pois elas têm medo demais para mudar. Esse modo de vida não exige que pensem ou questionem nada, e por isso elas seguem em frente e obedecem. E como ele era a favor da mudança, mesmo as pessoas que eram favoráveis a ele no começo voltaram-se contra ele por medo e para sobreviver. Creio que seus ensinamentos ainda estão sendo transmitidos por alguns seguidores. Mas eles se mantém reclusos e muito discretos em reuniões particulares nos porões. Eles têm vivido sob um grande medo.

D: *Eles tinham medo de que alguém fosse atrás deles?*

A: Sim.

D: *Então, parece que você está fazendo mais daquilo que Jesus queria que eles fizessem. É isso?*

A: Essa foi a mensagem pessoal que recebi dele. E é esta a tristeza que as pessoas parecem não entender. Ele estava mantendo... ensinando – ah, às vezes é difícil falar. (Sua voz era a de uma idosa e às vezes as palavras ficavam arrastadas). Ele estava ensinando a vida em sua forma mais simples, em sua forma mais verdadeira. É por isso que ele estava seguindo seu caminho e ensinando.

D: *Você acha que a maioria das pessoas que o seguiam não tentaram ajudar as pessoas como você está fazendo?*

A: Provavelmente, quando elas tornaram a aparecer, foram muito discretas. Eram uma fonte de medo para a maioria da população, e os romanos fizeram com que todos fossem contra elas. Os romanos tinham todo o controle e poder, e as pessoas são facilmente manipuladas pelo medo.

D: *Para mim, é difícil entender porque teriam medo dessas pessoas.*

A: Ah, porque elas podem levar adiante alguns de seus ensinamentos e obter seguidores. E os romanos podem ter novamente algo a temer.

D: *Tive a impressão de que eles não teriam mais medo depois de se livrarem da pessoa principal.*

187

A: Suas palavras e seus ensinamentos vivem, mesmo que estejam sendo ensinados novamente nessas reuniões clandestinas. Mas a maioria de seus seguidores só tornou a aparecer após um longo tempo.

D: *Então, você não teve mais contato com eles?*

A: Tive contato com alguns que ajudam nas aldeias ou que via quando saía em peregrinação.

D: *E aqueles que você chamava de "discípulos"? Chegou a ter contato com algum deles?*

A: (Suspiro) Oh, faz um bom tempo, mas, sim. Alguns ainda se reuniam nas falésias perto do Kinneret. E alguns estavam tentando manter vivas as palavras do Nazareno. Então, alguns deles ainda estavam ativos.

D: *Consegue se lembrar dos nomes de alguns discípulos que ainda estavam ativos?*

A: Lembro-me que havia Simão (pronunciado Si-mão) e... (pensando) Abrão (que soou mais como A-from). E havia... Pedro.

Tudo isso foi dito muito lentamente, como se ela tivesse dificuldade para se lembrar. Agora, Naomi era uma senhora de idade e aparentemente esses eventos haviam ocorrido muitos anos antes.

D: *Esses são os principais que você...*

A: (Interrompendo) Que eu me lembro de ter tornado a ver. Sim.

D: *Você ouviu falar de um de seus discípulos que era chamado "Judas"?*

A: Ah, sim. Aquele que se voltou contra ele?

D: *Sim, acho que era dele que as pessoas falavam.*

A: Sim, sabíamos dele antes mesmo que acontecesse alguma coisa.

D: *Você sabia?*

A: Sim. Tive visões sobre isso. Sim, sabíamos sobre ele.

D: *Pode me falar disso? O que você sabia?*

A: (Triste) Bem, tudo de que me lembro é minha última reunião com o Nazareno e minha visão. E ele me disse que ela estava correta. Ele sabia.

D: *Você disse que sabia que ia acontecer alguma coisa com ele.*

A: Sim, e ele também sabia. Ele sabia que havia uma pessoa, possivelmente mais, que poderia ser seduzida por moedas e promessas de riquezas e poder e que iria se voltar contra ele. Seria alguém que, se fosse suficientemente intimidado, acreditaria nos romanos e poderia ser comprado.

D: *Para mim, é difícil entender como alguém que conviveu com ele poderia fazer isso.*

A: Bem, nós temos livre arbítrio. E se alguém permite que o medo ganhe o controle, não pode discernir a verdade. Tudo faz parte do plano de vida.

D: *Você conheceu Judas?*

A: Encontrei-o uma vez há muitos, muitos anos atrás, na primeira vez em que viajei com o Nazareno.

D: *Naquela época, ele deu alguma indicação de que era como era?*

A: Não. Não tive muito contato pessoal, mas não havia indicações naquela época.

D: *O que aconteceu? O que ele fez?*

A: Ele foi persuadido (suspiro) pelos romanos a causar controvérsias e questionamentos sobre esse homem milagroso, este homem enviado por Deus. Ele começou a causar balbúrdias e fez os cidadãos ficarem violentos.

D: *Quer dizer que ele virou uma espécie de instigador?*

A: Sim.

D: *Isso foi na época em que o Nazareno foi preso?*

A: Sim, e tudo isso contou com a ajuda dele.

D: *Para mim, é difícil entender isso. Ele recebeu alguma coisa por tudo isso?*

A: Sim. Recebeu moedas e terras.

D: *E o que aconteceu com Judas? Ele ainda está por aí? Você chegou a ouvir falarem dele?*

A: Ouvi diversas histórias. Ouvi que ele teria sido assassinado. E ouvi que ele simplesmente... não conseguiu viver com esse ato após algum tempo e se matou. Ouvi muitas coisas.

D: *Então, ele não conseguiu aproveitar nem o dinheiro, nem as terras, não é isso?*

A: Certo. Ele não conseguiu lidar com aquilo que tinha acontecido. Quando precisou se defrontar consigo mesmo, isso foi mais do que ele conseguiu suportar.

D: *Mas você disse que o Nazareno também tinha tido visões sobre este homem que, de algum modo, iria feri-lo?*

189

A: Sim. Ele sabia... ele sabia qual era o propósito de sua vida. Ele sabia porque tinha vindo para cá. Ele sabia quando deveria ascender.

D: *Então, ele não tentou fazer nada a respeito.*

A: Ele sabia que havia uma razão para isso. Ele sabia que fazia parte do plano.

D: *E assim, ele não tentou deter Judas de maneira alguma. É isso que você está dizendo?*

A: Sim, é isso que estou dizendo. Ele desempenhou o papel de sua vida, seu propósito pessoal para estar aqui.

D: *Como disse, essa teria de ser uma decisão de Judas, seu livre arbítrio. Achei que talvez você tivesse ouvido muitas histórias desde a época da morte do Nazareno. Eu também ouvi muitas histórias, e não sei dizer o que foi verdade e o que não foi.*

A: (Riso) Eu não sei se alguém sabe.

D: *Foi por isso que eu quis lhe perguntar, para saber se você teria ouvido as mesmas histórias que eu ouvi. Você já ouviu alguma história sobre o nascimento dele?*

A: Sim. Lembro-me de ter ouvido uma conversa dos meus pais. Eu era muito jovem, e eram coisas que eu não compreendia muito bem. Mas sei que sua mãe teve muitos filhos. Foi considerado um milagre ela ter sido capaz de conceber uma criança como Jesus. Mas isso aconteceu e depois ela deu à luz novamente. Todos acharam isso um milagre. Mas (riso) receio que tenha acontecido da maneira como costuma acontecer. E o verdadeiro milagre estava na criança em si, não em seu nascimento.

D: *Esta é a única história que você ouviu sobre o nascimento dele?*

A: Bem. Parece que as pessoas acham que foi uma espécie de... concepção divina. Mas não creio que seja esse o caso. Eles estavam mesmo tentando ter filhos.

D: *Por que você acha que as pessoas tentam fazer com que a concepção dele tenha sido divina?*

A: Não sei. Acho que são ideias dos homens, ou a tentativa de manipulação e poder. Não sei ao certo. Mas essa criança foi realmente milagrosa. Contudo, creio que podemos dizer que todos nós tivemos concepções divinas. Somos todos filhos de Deus. Houve outras crianças excepcionais.

D: *Foi isso que eu pensei, como ele era tão excepcional, talvez pensassem que ele devia ter tido um nascimento excepcional.*

A: Sim. Mas sei que há outros que já andaram sobre esta Terra com uma conexão divina e com o amor e a capacidade que ele tinha. Mas ele era... oh, as ideias que os homens construíram a respeito dele!

D: *Bem, essas são algumas das histórias que ouvimos, que ele teria tido um nascimento milagroso.*

A: (Riso) O milagre estava no fato de ela ter concebido essa criança incomum.

D: *Sim. Mas o seu pai, segundo você disse, era irmão dele por outra mulher. É verdade? Seu pai era filho de José e outra mulher? (Ela hesitou) É isso que entendi?*

A: (Pausa) O meio-irmão... sim... José, você disse?

D: *A mãe era diferente.*

A: Sim, sim. É verdade.

D: *Isso foi antes de ele se casar com a mãe do Nazareno?*

A: Sim.

D: *Então, imagino que seu pai seria um pouco mais velho, não é?*

A: Ele era. Isto é verdade. Lembro-me disto.

D: *Você chegou a conhecer a mãe do Nazareno?*

A: Lembro-me de tê-la visto quando eu era criança, sim. É uma memória vaga. Mas ela era apenas uma mulher. (Riso)

D: *Creio que nas histórias que ouvi, tentaram divinizar a mãe, só porque ela era a mãe.*

A: Em minhas memórias de infância, eles eram pessoas muito simples. Suas vidas eram muito parecidas com outras vidas. Não me lembro de nada incomum a respeito dela. Mas isso é da minha infância. E ela parecia ser apenas uma mulher comum.

D: *E José? Você chegou a conhecê-lo?*

A: Lembro-me de vê-lo, mas são lembranças vagas. E eu os vi numa aldeia pequena, comum. Faziam suas coisas do cotidiano. Era a vida diária. Ela fazia as mesmas coisas. Não consigo me lembrar de nada exceto vê-los fazendo aquilo que todo mundo precisava fazer para viver.

D: *Claro, isso foi há muito tempo. Estou fazendo você se recordar de coisas antigas. Mas não havia nada que os destacasse como pessoas diferentes.*

A: Não. Eram boas pessoas. Talvez tivessem um pouco mais no que... eles não eram pobres. Mas eram apenas pessoas comuns. Jesus se

191

dedicava às suas crenças da maneira como achava melhor, mas seus pais continuaram educando os filhos e vivendo a vida.

D: *Ouvi muitas coisas sobre os milagres feitos pelo Nazareno. Dizem que ele conseguiu trazer de volta pessoas que haviam morrido. Você ouviu essas histórias?*

A: Sim. Vi curas. Aprendi. Sei que há momentos em que as pessoas podem estar muito próximas da morte, em que todos os sinais vitais ficaram tão lentos que dão essa impressão. Ou talvez tenham ido embora por alguns minutos. É possível trazê-las de volta caso não tenha mesmo chegado sua hora. E eu já vi isso.

D: *Você o viu fazer isso?*

A: Eu o vi fazer isso uma vez, sim.

D: *Pode me falar sobre essa experiência?*

A: Lembro que isso aconteceu quando eu estava na aldeia de Bar-el. Ele estava me ensinando e me deixavam ver quando ele ia de casa em casa. Havia um homem doente e com febre. E acho que ainda não havia chegado a hora dele. Lembro-me de estar na casa dele e de ver sua esposa. E havia uma criancinha. (Ela se emocionou). E eu sei... oh, é tão difícil encontrar as palavras... (chorando) mas foi muito mais do que uma ocorrência física. Sei que, entre a cura do Nazareno e o amor e devoção profundos da esposa, ele foi trazido de volta. Vi o Nazareno por as mãos sobre este homem. E vi-o recuperar a consciência. Lembro que alguém disse à esposa que era hora de ele morrer, mas não era. Ele foi trazido de volta da febre. (Fungando) Creio que foi o treinamento e o conhecimento que ele tinha sobre si mesmo, convivendo com a fonte de Deus no universo em seu centro do coração. Creio que ele sabia o que poderia ser feito. Mas também tinha relação com a verdade da pessoa e sua crença na cura. Tinha de haver o desejo de prosseguir nesta vida.

D: *Você acha que ele teria feito isso se a pessoa estivesse realmente morta após certo tempo?*

A: Não. Creio que a pessoa tinha de querer ser trazida de volta. Tinha de precisar fazer mais algumas coisas nesta vida.

D: *Você acha que esse deve ter sido o maior milagre que você ouviu a respeito dele, trazer pessoas de volta dos mortos?*

A: Acho... possivelmente, creio que deve ter sido. Mas, para mim, ver outras curas e devolver a saúde à pessoa, dar-lhe alegria e amor ou à sua família, seria a mesma coisa. Trazer de volta com o coração e a alma íntegros. Mas creio que para a maioria dos homens e mulheres, provavelmente foi isso.

D: *Estava curiosa para saber a sua opinião. Ele fez muitas coisas maravilhosas.*

A: Sim. É difícil dizer, pois em cada milagre que ele fez com a ajuda da pessoa sendo curada, era um milagre ver os rostos dos entes queridos. Isso era tão importante quanto o milagre. Era o mesmo que a cura.

D: *Sim. Creio que foi maravilhoso você poder tê-lo conhecido e aprendido com ele. Foi muito importante. E acho que você também fez muita coisa, à sua própria maneira, ajudando as pessoas.*

A: Eu tentei.

D: *E compartilhado esses ensinamentos com outras pessoas. Isso é muito importante. Creio que você fez um belo trabalho com a sua vida, dessa maneira. Muito bem. Quero que você vá até o último dia daquela vida. Se quiser, pode olhar como observadora. Não vai incomodá-la ver e me contar o que aconteceu.*

A mudança foi imediata. Nem precisei contar.

A: (Suspiro profundo) Sei que chegou a minha hora. Creio que estou cansada e pronta para ir embora.

D: *Você teve uma vida longa, não?*

A: Sim. Creio que poucos daqueles com quem trabalhei podem ocupar o meu lugar, trabalhar nesta aldeia, fazer peregrinações e seguir em frente. Mas saí da aldeia e vim caminhando até este lugar que eu costumava visitar. Estou sentada, encostada numa árvore. É aqui que costumo pensar, rezar ou falar com o Nazareno.

D: *Puxa, ele ainda conversa com você?*

A: Sim. Posso senti-lo onde quer que eu esteja. Aqui, porém, estou longe e despreocupada. Posso me sentar em paz e sentir de fato a luz, o calor e o brilho que irradia. (Lentamente) E assim, ele vai me receber no próximo nível.

D: *Vamos avançar até depois disso ter acontecido. O que você vê?*

A: (Riso) Posso fazer isto. Isto é bem diferente. Posso ver meu corpo... (riso) posso me ver encostada na minha árvore, sentada e em paz.

D: *Foi uma morte pacífica?*

193

A: Sim, havia paz ali. Estava me sentindo muito cansada. Fechei os olhos e agora estou aqui em pé, olhando para o meu corpo. Aconteceu muito depressa. É muito estranho, mas sinto-me maravilhosa.

D: *O que mais você está vendo?*

Ela estava sorrindo, e eu podia sentir a felicidade irradiando-se dela.

A: Vejo o Nazareno acenando para mim. Ouço-o dizendo que sou bem-vinda. E que agora, esta é a minha casa. E que muita alegria e aprendizado estão à minha espera. Vejo este caminho diante de mim. (Riso) Parece que vamos começar outra peregrinação.

D: *Você vai percorrer esse caminho?*

A: Ele pega a minha mão. Sinto-me como se tudo fosse muito lento, estou me movendo muito lentamente. Tenho a impressão de que estou indo para outra aldeia à distância. É a sensação de estar voltando para casa, de estar onde eu deveria estar. Se isto é a morte, então a morte é apenas outra peregrinação.

D: *E o que você achou da vida que acabou de deixar?*

A: Oh, eu sinto... sinto que tentei fazer o melhor que podia. Oh, mas estou sentindo falta, sinto falta das pessoas, as pessoas deste mundo que são tão lerdas para aprender e enxergar a verdade.

D: *Creio que você aprendeu muitas coisas naquela vida, não?*

A: Sim, fui muito abençoada naquela vida. Estive repleta de amor e atenção, e o Nazareno nunca me abandonou. Creio que era ele quem eu amava. E creio que foi por isso que eu não deveria ter me casado. Pois fui tomada por aquele amor e aquele conhecimento, sabia que tinha de fazer as coisas sozinha para poder realizar o máximo possível.

D: *Dá a impressão de que foi uma vida muito boa. Você realizou muitas coisas. Você sabe para onde está indo agora?*

A: Só sei que estou indo para um lugar que dá a impressão de ser meu lar, onde vou aprender mais.

D: *Parece muito bom. Você teve uma vida muito boa e eu lhe agradeço por compartilhar comigo o conhecimento que você adquiriu nessa vida. Agradeço muito, de verdade.*

A: E eu lhe agradeço.

D: *Muito bem. Vamos sair dessa cena.*

Trouxe Anna de volta à consciência plena e Naomi retraiu-se pela última vez; nunca mais a visitamos.

Passaram-se muitos meses e de vez em quando via Anna. Ela disse que ficou realmente curiosa pelos detalhes da regressão. Fez vários esforços sinceros para ouvir as gravações mas, estranhamente, nunca conseguiu avançar muito. Ela não conseguia aceitar que aquelas palavras estavam saindo dela. Um número muito grande de emoções ocultas havia se agitado em seu íntimo. Esses sentimentos sempre a forçavam a desligar o gravador. Anna comentou a regressão com poucas pessoas, só os amigos íntimos em quem podia confiar, e mesmo a esses fez comentários hesitantes e superficiais, nunca falando da experiência toda. Era algo pessoal e profundo demais para correr o risco de ser ridicularizada ou desacreditada, e por isso ela a manteve bem fechada em seu interior.

Após vários meses, eu lhe perguntei se ela se sentiria mais confortável lendo as transcrições, uma vez que não conseguia tolerar sua própria voz dizendo essas coisas. Ela estava ansiosa para fazer isso, pois sua curiosidade queria conhecer os detalhes. Dei-lhe as transcrições tiradas diretamente das fitas. E ela conseguiu lê-las, pois deram-lhe a objetividade de que precisava. O texto removeu a conexão pessoal de sua própria voz, tornando-o algo parecido com a leitura de um romance de ficção. Porém, mesmo com essa objetividade, a história da associação entre Naomi e Jesus mexeu com ela.

Quando Anna devolveu as transcrições, ela incluiu um bilhete: "Agradeço-lhe de todo o meu ser por me devolver uma parte de mim mesma. Uma parte muito importante de meu caminho de volta para casa. As palavras são inadequadas para expressar meu reconhecimento. Você realmente me tocou, e por sua causa eu cresci".

Anna não teve formação artística, mas disse que de vez em quando consegue desenhar ou pintar quadros notáveis. Essa inspiração costuma vir inesperadamente. Este talento pode ter tido origem numa vida passada que ainda não foi explorada. Depois dessas sessões sobre a associação entre Naomi e Jesus, ela esboçou inexplicavelmente o retrato a seguir. Ela disse que foi o mais próximo possível de sua visão de Jesus.

As lembranças de sua associação com Jesus recuaram para dentro do subconsciente e a vida dessas duas mulheres voltou ao normal. Mas me pergunto se elas realmente voltariam a ser normais. Elas retornaram às suas vidas cotidianas e as regressões foram esquecidas. Foi um interlúdio interessante, nada mais. Ajudou Mary a compreender problemas que tinha com os homens na vida atual. Creio que ajudou-a a entender de onde vinham esses sentimentos e como eles a estavam inibindo. Ela desenvolveu um relacionamento com um amigo e mergulhou em seu negócio de paisagismo. Este e a criação de seus filhos pequenos eram suficientes para mantê-la ocupada.

Anna estava mais entretida do que nunca com seu negócio de hospedagem. Ela e o marido compraram outras propriedades para locação e estas também a mantinham atarefada. No tempo livre de que dispunha, tornou-se voluntária num centro de cuidados paliativos, aconselhando pacientes e suas famílias sobre a morte. Creio que, deste modo, estava permitindo que os cuidados e o amor altruísta de Naomi pelos doentes e moribundos chegassem à sua vida atual. Outras pessoas me contaram que o trabalho no programa de cuidados paliativos costuma ser depressivo em virtude do foco na morte que se aproxima. Mas Anna achou essa atividade profundamente gratificante. Disse que havia tentado fazer trabalhos voluntários noutras áreas, mas nada a fez se sentir tão realizada como o trabalho com doentes terminais. Ela encontrou seu nicho nesse trabalho.

Assim, eu acredito que a influência da associação com Jesus ainda estava presente na vida dessas mulheres, mesmo que fosse no nível subconsciente e não num nível que elas admitiriam prontamente. Creio que lidaram de forma madura e saudável com essas regressões. Elas nos trouxeram de volta uma porção perdida da história em função das lembranças dessa associação, escondida num canto de seu subconsciente. Creio que o propósito maior das regressões neste livro, e em *Jesus e os Essênios*, foi trazer-nos o Jesus original. Mostrar-nos quem ele foi de verdade. Sempre achei que ele deveria ter feito algo muito diferente e especial para que suas ações resistissem ao teste do tempo. Porém, antes dessas regressões, nunca consegui compreender o que seria esse algo.

A visão do rosto de Jesus segundo Anna ao sair do transe

Sentada naquele quarto escuro, ouvindo a mulher em transe deitada na cama reviver esta história, eu obtive um vislumbre da verdadeira personalidade de Jesus, o imenso carisma desse homem e sua extrema gentileza. Nunca encontrei tanto amor emanando de um ser humano. Quando Mary e Anna falaram de seus encontros, o amor em suas vozes falava muito, muito. Fiquei ali sentada em minha cadeira e permiti banhar-me neste sentimento formidável, e compreendi porque ele exercia tamanho efeito sobre as pessoas. Não era possível estar em sua presença e não amá-lo.

Antes de começar a escrever este livro, reproduzi parte das fitas para um homem que também ficou visivelmente comovido com as palavras das mulheres. Eu suspirei e disse, "Agora, como é que vou traduzir esse sentimento no papel?" Ele respondeu, com um olhar distante em seus olhos, "Você precisa tentar". Portanto, foi o que fiz. Fiz a tentativa, por mais débil que seja, de transferir essa emoção através da palavra escrita no papel. Acho que ninguém que não tenha estado lá poderá perceber como esta tarefa foi difícil.

Sinto que fui privilegiada por participar desses momentos da história, e sei que tenho a obrigação de tentar mostrá-los para a humanidade. Espero ter tido sucesso ao mostrar Jesus como um ser humano gentil e atencioso que conseguiu desenvolver e aplicar os talentos que todos nós temos latentes em nós. Um homem cujo amor pelas pessoas da Terra não conheceu limites.

Adendo

ALGUMAS das mais inesperadas confirmações do material de meus livros costumam vir de meus leitores. Eles encontram coisas que eu nunca consegui localizar na minha pesquisa. A informação a seguir estava numa carta que recebi em 1997. "Tenho algumas informações que talvez a interessem sobre a regressão de Anna como Naomi. Você perguntou sobre os nomes de cidades visitadas por Naomi para ajudar os leprosos e outras pessoas necessitadas. Você percebeu que, ao pesquisar, não conseguiu encontrar os nomes das cidades. Mas eu me lembrei que tenho diversos mapas antigos da Terra Santa no verso de minha Bíblia intitulada *Tradução das Escrituras Sagradas para o Novo Mundo* ("The New World Translation of the Holy Scriptures"), e assim eu procurei as cidades. Leve em conta que as palavras que você escreveu foram soletradas foneticamente. Quando as verbalizei, eis o que descobri:

Bethsharon – Há uma pequena cidade chamada "Beth-haron" não muito distante de Jerusalém, ao norte.
Ramat – Na mesma região, há uma pequena cidade chamada "Ramah".
Grafna – Há "Gofna", também próxima.
Bar-el – Um pouco mais ao norte, além dessas cidades pequenas, há uma cidade chamada "Ba'al-hazor". (O apóstrofo nas palavras costuma indicar que uma letra foi deixada de lado. Além disso, ela pode ter chamado a cidade abreviadamente, Ba'al.)
Abrão – Você disse que ela pronunciou este nome como A-from. Um nome comum naquela região era Efraim, que é pronunciado do mesmo modo. E acontece que existe uma cidade pequena entre Gofna e Ramah chamada Efraim.

Todas essas cidades ficam na vizinhança básica de Betel, não muito longe de Jerusalém, ao norte.
Desnecessário dizer que sou muito grata a meu leitor por me fornecer estas informações pouco conhecidas.

199

Bibliografia

Anderson, Jack, "What Did Christ Really Look Like?" *Parade*, 18 de abril de 1965, pp 12-13

Bailey, Albert Edward, *Daily Life in Bible Times*, Charles Scribners's Sons, Nova York, 1943

Bammel, Ernst, e Moule, CFD, *Jesus and the Politics of His Day*, Cambridge Univ. Press, Cambridge, 1984

Bennett, Sir Rosdon, *The Diseases of the Bible*, Vol. IX, By-Paths of Bible Knowledge Series, The Religious Tract Soc, Londres, 1891

Bouquet, AC, *Everyday Life in New Testament Times*, Charles Scribners' Sons, Nova York, 1954

Dalman, Gustaf, *Sacred Sites and Ways*, MacMillan Co, Nova York, 1935, traduzido do alemão por Levertoff, Paul

Finegan, Jack, *Light From the Ancient Past*, Princeton Univ. Press, Princeton, NJ, 1946

Hollis, FJ, *The Archaeology of Herod's Temple*, JM Dent and Sons, Londres, 1934

Jeremias, Joachim, *Jerusalém in the Time of Jesus*, SCM Press, Londres, 1969. Traduzido do alemão por FH e CH Cave

'Jerusalém', *Collier's Encyclopedia*, 1962, ed., Vol 13, pp 554-549

Kaufman, Asher, 'A Note on Artistic Representations of the Second Temple of Jerusalém', Biblical Archaeologist, Vol 47, dezembro de 1984, pp 253-254

King, Rev. J, *Recent Discoveries of the Temple Hill at Jerusalém*, Vol. III, By-Paths of Bible Knowledge Series, The Religious Tract Society, Londres, 1891

Kingsbury, Jack Dean, 'The Developing Conflict Between Jesus and the Jewish Leaders', *Catholic Biblical Quarterly*, Vol. 49, jan. de 1987, pp 57-73

'Leprosy', *Collier's Encyclopedia*, 1962 ed., Vol. 14, pp 515

MacAlister, RAS, 'The Topography of Jerusalém', Vol. III, *The Cambridge Ancient History Series*, Cambridge Univ. Press, 1970, pp 333-353

Merrill, Rev. Selah, *Galilee in the Times of Christ*, Vol. V, By-Paths of Bible Knowledge Series, The Religious Tract Society, Londres, 1891

Metaphysical Bible Dictionary, Unity School of Christianity, Lee's Summit, MO, 1958

Oesterreicher, Msgr. John M, e Sinai, Anne, *Jerusalém*, John Day Co, Nova York, 1974

Watson, Colonel Sir CM, *The Story of Jerusalém*, JM Dent and Sons, Ltd., Londres, 1918

Wright, G Ernest, *Biblical Archaeology*, Gerald Duckworth and Co., Ltd., Londres, 1957

Página da Autora

DOLORES CANNON, hipnoterapeuta regressiva e pesquisadora psíquica que registra conhecimentos "perdidos", nasceu em 1931 em St. Louis, Missouri. Estudou e morou no Missouri até se casar com um militar de carreira da Marinha, em 1951. Passou os próximos 20 anos viajando pelo mundo como típica esposa da Marinha, cuidando da família.

Em 1968, teve sua primeira exposição à reencarnação através de hipnose regressiva quando seu marido, hipnotizador amador, encontrou durante uma sessão a vida passada de uma mulher com quem estava trabalhando para tratar de um problema de peso. Na época, o assunto de "vidas passadas" era pouco ortodoxo e muito poucas pessoas estavam fazendo experimentos nessa área. Seu interesse foi despertado, mas precisou ser deixado de lado pois as exigências da vida familiar tinham precedência.

Em 1970 seu marido foi dispensado como veterano com problemas físicos e eles foram morar nas colinas do Arkansas. Foi então que ela começou a carreira de escritora, vendendo artigos para diversas revistas e jornais. Depois que seus filhos saíram de casa, ela voltou a se interessar por hipnose regressiva e reencarnação. Estudou diversos métodos de hipnose e desenvolveu uma técnica própria, única, que lhe permitiu obter a liberação mais eficiente de informações de seus pacientes.

Desde 1979, fez a regressão de centenas de voluntários, catalogando as informações obtidas. Em 1986, expandiu suas investigações para o campo da ufologia. Fez estudos de campo de prováveis casos de pousos de ÓVNIS e estudou os agroglifos ou círculos em plantações na Inglaterra. A maior parte de seu trabalho nesta área resultou do acúmulo de evidências de suspeitos de abdução obtidas mediante hipnose.

Entre seus livros publicados, acham-se *Conversando com Nostradamus Vols. I, II e III, Jesus e os Essênios, Elas caminharam com Jesus, Entre a Morte e a Vida, A soul Remembers Hiroshima, Guardiões do Jardim, Legacy from the Stars, The Legend of Starcrash* e *Sob Custódia*.

Atualmente, vários de seus livros estão disponíveis em diversas línguas.

Dolores Cannon teve quatro filhos e quatorze netos, que mantiveram-na solidamente equilibrada entre o mundo "real" de sua família e o mundo "invisível" de seu trabalho. Ela deixou o plano físico em 2014.

Para saber mais sobre Dolores Cannon e a Ozark Mountain Publishing, visite nosso site: https://ozarkmt.com/

Dolores Cannon
c/o Ozark Mountain Publishing, Inc.
P.O. Box 754
Huntsville, AR 72740
WWW .OZARKMT.COM

Other Books by Ozark Mountain Publishing, Inc.

Dolores Cannon
A Soul Remembers Hiroshima
Between Death and Life
Conversations with Nostradamus,
    Volume I, II, III
The Convoluted Universe -Book One,
    Two, Three, Four, Five
The Custodians
Five Lives Remembered
Jesus and the Essenes
Keepers of the Garden
Legacy from the Stars
The Legend of Starcrash
The Search for Hidden Sacred
    Knowledge
They Walked with Jesus
The Three Waves of Volunteers and
    the New Earth
Aron Abrahamsen
Holiday in Heaven
Out of the Archives – Earth Changes
James Ream Adams
Little Steps
Justine Alessi & M. E. McMillan
Rebirth of the Oracle
Kathryn/Patrick Andries
Naked in Public
Kathryn Andries
The Big Desire
Dream Doctor
Soul Choices: Six Paths to Find Your
    Life Purpose
Soul Choices: Six Paths to Fulfilling
    Relationships
Patrick Andries
Owners Manual for the Mind
Cat Baldwin
Divine Gifts of Healing
The Forgiveness Workshop
Penny Barron
The Oracle of UR
Dan Bird
Finding Your Way in the Spiritual Age
Waking Up in the Spiritual Age
Julia Cannon
Soul Speak – The Language of Your
    Body
Ronald Chapman
Seeing True
Albert Cheung
The Emperor's Stargate
Jack Churchward
Lifting the Veil on the Lost Continent of
    Mu

The Stone Tablets of Mu
Sherri Cortland
Guide Group Fridays
Raising Our Vibrations for the New
    Age
Spiritual Tool Box
Windows of Opportunity
Patrick De Haan
The Alien Handbook
Paulinne Delcour-Min
Spiritual Gold
Holly Ice
Divine Fire
Joanne DiMaggio
Edgar Cayce and the Unfulfilled
    Destiny of Thomas Jefferson
    Reborn
Anthony DeNino
The Power of Giving and Gratitude
Michael Dennis
God's Many Mansions
Carolyn Greer Daly
Opening to Fullness of Spirit
Anita Holmes
Twidders
Aaron Hoopes
Reconnecting to the Earth
Victoria Hunt
Kiss the Wind
Patricia Irvine
In Light and In Shade
Kevin Killen
Ghosts and Me
Diane Lewis
From Psychic to Soul
Donna Lynn
From Fear to Love
Maureen McGill
Baby It's You
Maureen McGill & Nola Davis
Live from the Other Side
Curt Melliger
Heaven Here on Earth
Where the Weeds Grow
Henry Michaelson
And Jesus Said – A Conversation
Dennis Milner
Kosmos
Andy Myers
Not Your Average Angel Book
Guy Needler
Avoiding Karma
Beyond the Source – Book 1, Book 2
The History of God

For more information about any of the above titles, soon to be released titles,
or other items in our catalog, write, phone or visit our website:
PO Box 754, Huntsville, AR 72740|479-738-2348/800-935-0045|www.ozarkmt.com

Other Books by Ozark Mountain Publishing, Inc.

The Origin Speaks
The Anne Dialogues
The Curators
Psycho Spiritual Healing
James Nussbaumer
And Then I Knew My Abundance
The Master of Everything
Mastering Your Own Spiritual
    Freedom
Living Your Dram, Not Someone Else's
Sherry O'Brian
Peaks and Valleys
Riet Okken
The Liberating Power of Emotions
Gabrielle Orr
Akashic Records: One True Love
Let Miracles Happen
Victor Parachin
Sit a Bit
Nikki Pattillo
A Spiritual Evolution
Children of the Stars
Rev. Grant H. Pealer
A Funny Thing Happened on
    the Way to Heaven
Worlds Beyond Death
Victoria Pendragon
Born Healers
Feng Shui from the Inside, Out
Sleep Magic
The Sleeping Phoenix
Being In A Body
Michael Perlin
Fantastic Adventures in Metaphysics
Walter Pullen
Evolution of the Spirit
Debra Rayburn
Let's Get Natural with Herbs
Charmian Redwood
A New Earth Rising
Coming Home to Lemuria
David Rivinus
Always Dreaming
Richard Rowe
Imagining the Unimaginable
Exploring the Divine Library
M. Don Schorn
Elder Gods of Antiquity
Legacy of the Elder Gods
Gardens of the Elder Gods
Garnet Schulhauser
Dancing on a Stamp

Dancing Forever with Spirit
Dance of Heavenly Bliss
Dance of Eternal Rapture
Dancing with Angels in Heaven
Manuella Stoerzer
Headless Chicken
Annie Stillwater Gray
Education of a Guardian Angel
The Dawn Book
Work of a Guardian Angel
Joys of a Guardian Angel
Blair Styra
Don't Change the Channel
Who Catharted
Natalie Sudman
Application of Impossible Things
L.R. Sumpter
Judy's Story
The Old is New
We Are the Creators
Artur Tradevosyan
Croton
Jim Thomas
Tales from the Trance
Jolene and Jason Tierney
A Quest of Transcendence
Paul Travers
Dancing with the Mountains
Nicholas Vesey
Living the Life-Force
Janie Wells
Embracing the Human Journey
Payment for Passage
Dennis Wheatley/ Maria Wheatley
The Essential Dowsing Guide
Maria Wheatley
Druidic Soul Star Astrology
Jacquelyn Wiersma
The Zodiac Recipe
Sherry Wilde
The Forgotten Promise
Lyn Willmott
A Small Book of Comfort
Beyond all Boundaries Book 1
Stuart Wilson & Joanna Prentis
Atlantis and the New Consciousness
Beyond Limitations
The Essenes -Children of the Light
The Magdalene Version
Power of the Magdalene
Robert Winterhalter
The Healing Christ

For more information about any of the above titles, soon to be released titles,
or other items in our catalog, write, phone or visit our website:
PO Box 754, Huntsville, AR 72740|479-738-2348/800-935-0045|www.ozarkmt.com

www.ingramcontent.com/pod-product-compliance
Lightning Source LLC
Chambersburg PA
CBHW071839090426
42737CB00031B/1610